차이,
차별,
처벌

차이,

혐오와 불평등에
맞서는 법 法

차별,

처벌

이민규 **지음**

RHK
알에이치코리아

우리가
'우리'가 될 때

왜냐하면 실제로 아무도,

이 세상 어느 누구도 그것으로부터

무사하지 않으니까요.

_ 알베르 까뮈, 《페스트》 중에서

2020년 경자년庚子年. '흰쥐의 해'라는 의미가 무색하게도 전 세계는 검은쥐 때문에 홍역을 치렀다. 야생 박쥐가 숙주로 추정되는 신종 코로나바이러스 감염증이 창궐한 것이다. 코로나바이러스에 대한 공포가 세계 각지로 확산되면서, 온갖 혐오와 차별 또한 기승을 부렸다.

이탈리아 북부에서는 중국인 청년이 잔돈을 바꾸기 위해 술집에 들어갔다가 유리잔으로 머리를 가격당하는 사건이 발생했고, 호주에서는 중국인 유학생이 길거리에서 폭행을 당하는 바람에 광대뼈가 함몰되며 실명 위기에 처하기도 했다. 뿐만 아니라 프랑스 지역 신문《르 쿠리에 피카르Le Courrier Picard》는 '황색 경보Alerte Jaune '라는 인종 차별적 표현을 1면 헤드라인으로 사용했고, 미국의 대통령은 종이에 적힌 '코로나바이러스(Coronavirus)'를 '중국 바이러스(Chinese virus)'로 고쳐 발언하며 노골적으로 혐오를 조장했다.

중국인을 향한 반감은 이내 모든 동양인을 겨냥하는 혐오로 확산되었다. 유럽과 미국 내 주요 도시에서 언어폭력 피해를 입은 아시아계 학생과 여행객이 급증하는가 하면, 동양인이라는 이유만으로 도심 한가운데에서 집단 폭행을 당하는 사건 역시 연이어 일어났다. 당시 영국 프리미어 리그에서 세 경기 연속 골을 터뜨리며 맹활약했던 손흥민 선수도 혐오의 타깃이 되었다. 경기 직후 진행된 인터뷰 도중에 잔기침을 했다는 이유로 현지 팬들로부터 인종 차별적 댓글을 받은 것이다. 서구에서 행해진 노골적인 동양인 차별에 대한 대한민국의 즉각적인 반응은 분노였다. 국내 여론은 서양인이 전염병을 핑계 삼아 대놓고 인종 차별을 하고 있다며 강하게 비판했다. 싱가포르와 말레이시아 여성 유학생 두 명을 무차별 폭행하는 등 혐오 범죄가 잇달아 발생한 호주를 향해, 범죄자들의 후손이라 피는 못 속인다는 식의 비난이 쏟아지기도 했다.

철저히 동양인 차별에만 국한된 비판이 대다수였다. 모든 종류의 인종 차별에 반대하는 단호한 분노가 아니었다. 중국인이 문제일

뿐인데, 한국인까지 부당하게 차별을 받고 있다는 억울함이 섞인 분노에 더 가까웠다. 실제로 한국인은 마치 흰쥐와 검은쥐를 구별하듯 중국인과 분명하게 선을 그었는데, 그 혐오와 차별의 정도가 서양인에 비해 결코 덜하다고 보기 어려웠다. 온라인상에서는 중국인을 '미개한 민족'이나 '민폐 민족'으로 칭하거나 혹은 바이러스 그 자체로 치부하는 혐오 표현이 난무했다. 또 코로나 바이러스에 감염된 중국인들이 일부러 해열제를 먹고 전 세계를 돌아다니고 있다거나 중국인들이 무료로 치료를 받기 위해 한국에 온다는 카더라식 소문이 빠르게 퍼져 나갔다. 중국인을 향해 승차 거부나 배달 서비스 거부를 표하고, 심지어 한국을 떠나라고 소리를 지르며 시비를 거는 바람에 한바탕 싸움이 나는 일도 있었다.

이 같은 혐오는 얼마 안 가 대한민국 내부로 향했다. 대구·경북 지역에서 코로나바이러스 확진자가 대거 발생하자 '대구 봉쇄론'이나 '대구 폐렴' 등의 부정적인 여론이 형성된 것이다. 결국 대구·경북 출신이라는 이유 하나만으로 수개월 동안 준비한 스포츠 대회의 주최 측으로부터 참가 제한 통보를 받은 학생, 대구에 거주한다는 이유 하나만으로 서울의 모 병원으로부터 병원 출입 금지 명령을 받은 폐암 4기 환자 등 차별 사례가 잇따랐다. 당시 청와대 국민청원 게시판에 글을 올린 한 고등학생은 질병 때문에 지역감정이 이렇게 거세질 줄 몰랐다며 이미 전국에서 대구를 심리적으로 봉쇄하고 있다고 한탄했다. 검은 고양이든 흰 고양이든 쥐만 잘 잡으면 된다는 덩샤오핑의 흑묘백묘론처럼, 코로나바이러스에 대한 두려움을 줄일 수만 있다면 새로운 혐오와 배제의 대상을 끊임없이 만들어낼 것 같았다.

어디 그뿐인가. 코로나바이러스 확산의 주원인으로 지목된 신천지에 대한 혐오는 더 심각했다. 신천지 교인에게 혐오 발언을 쏟아낸 것은 물론 신천지 교인의 신상 유출로 인한 강제 퇴직과 차별, 모욕, 혐오 등 인권 침해 사례가 속출했다. 청와대 국민청원 게시판에는 신천지의 강제 해체를 요구하는 글이 올라왔다. 신천지가 설립 이래 지속적으로 기독교와 개신교 등 타 종교의 신도를 비하하고 심지어 폭력 행위까지 저질렀으며, 포교 활동이라는 명목하에 종교의 자유를 침해했다는 것이 그 이유였다. 이 밖에도 신천지가 관련 감염자의 치료 및 격리 비용을 부담해야 한다는 내용부터 세무 조사를 요구하는 내용까지, 정말 다양한 주장이 제기되었다. 그로부터 몇 개월 뒤, 일부 대형 교회가 또 다른 대규모 확산의 원흉으로 지목되자 교회 역시 헌금 욕심에 눈이 먼 장사치로, 기독교인은 사이비 광신도로 매도되었다.

여기서 끝이 아니었다. 조선족은 이번에도 집단 혐오의 대상이 되고 말았다. 온라인상에서 조선족이 대한민국의 여론을 조작하고 있고, 또 실제로 점령했다는 주장이 '차이나 게이트' 혹은 '조선족 게이트'라고 명명되며 화제가 된 것이다. 이 같은 주장은 점점 힘을 얻더니 단순한 음모론을 넘어, 급기야 삼일절에 각종 주요 포털 사이트의 실시간 검색어 1위에 오르기까지 했다. 국내 사회의 또 다른 소수자 집단인 성 소수자 역시 예외는 아니었다. 서울 이태원에 위치한 게이 클럽에 확진자가 방문했다는 사실이 언론을 통해 알려지자, 성 소수자 집단에게 비난의 화살이 돌아간 것이다. '동성애자'라는 단어를 강조하는 기사 제목과 내용이 일부 언론에 의해 지속적으로 재생산되었다. 무분별한 성 소수자 혐오를 자제해 달라는 몇몇 시민 단체의 부탁에도 불구하고, 동성애는 정신적 질병이자 사회적 부담이라는 비난이 들끓었다. 그 외에도 팬데믹 사태에 개인적인 사정으로 사직서를 제출한 의료인, 기부를 하지 않았다고 알려진 연예인과 기업, 심지어 단지 기부액이 적다는 이유로 비난의 대상이 된 기부자 등 수많은 혐오 사례가 있었다.

이쯤 되면 검은쥐가 검은 고양이에게 먹힌 것인지 혹은 흰쥐가 흰 고양이에게 먹힌 것인지, 아니면 흰쥐를 먹은 검은쥐가 흰 고양이에게 먹혔는데 그 흰 고양이가 결국 검은 고양이에게 먹힌 것인지, 그것도 아니면 이 난리 통에 회색 쥐나 회색 고양이는 정녕 없었던 것인지 알 수 없을뿐더러 더 생각해 봤자 머리만 아프니 이쯤에서 줄이도록 하겠다. 이토록 다사다난했던 코로나바이러스 사태를 다시 되돌아보는 이유는, 과연 전면적인 중국인 입국 금지 조치가—중국과의 경제 협력 혹은 외교 문제 등을 고려하더라도—코로나바이러스의 국내 유입을 막기 위한 필수적인 조치였는지 논쟁하기 위해서가 아니다. 또 신천지의 반공개적인 조직 문화가 코로나바이러스가 확산되는 데 일조했을 가능성을 축소하거나 혹은 확대하기 위해서도 아니며, 중국 공산당의 지령을 받은 조선족이 여론을 조작해 국론을 분열시켜 왔다는 주장이 어디까지 사실이고 어디까지 거짓인지 따져보기 위해서도 아니다.

내가 주목하고 싶은 것은 '우리'다. 누구나 우리의 개념을 안다고 생각하지만 그 누구도 제대로 알기는 어렵다고 생각한다. 물론 사전적 정의는 단순하다. 표준국어대사전에서는 '말하는 이가 자기와 듣는 이, 또는 자기와 듣는 이를 포함한 여러 사람을 가리키는 일인칭 대명사'로 정의한다. 고려대 한국어대사전에서는 '자기와 함께 자기와 관련되는 여러 사람을 다 같이 가리킬 때, 또는 자기편을 가리킬 때 쓰는 말'로 정의한다. 쉽게 말하면 우리는 '내 편'이라고 할 수 있다. 하지만 내 편, 즉 우리가 누구인지 규정하는 일은 결코 간단하지 않다. 우리의 범위는 변치 않는 상수가 아니기 때문이다. 코로나바이러스 사태로도 볼 수 있듯이 우리의 범위는 굉장히 유동적이다.

앞서 언급한 예시들에서 인종, 국가, 지역, 집단, 개인에 대한 혐오와 차별이 어떻게 만들어지고, 어떻게 확산되고, 또 어떻게 정당화되었는지 살펴보자. '우리 동양인'에게 가해진 서구의 차별과 폭력에 반대하던 우리는 '우리 국민'의 안전을 지키기 위해서 중국인을 배척하고 쫓아내도 된다고 주장했다. 그리고 국민의 안전이 최우선이라고 주장하던 우리는 얼마 지나지 않아 '우리 지역'의 안전을 위해 대구·경북 지역을 희생해야 한다고 목소리를 높였다. 전염병에 대한 공포가 확산되면서 점차 '우리 비기독교인', '우리 비非성소수자인'으로 그 범위가 좁아졌다. 이처럼 눈앞의 상황과 주관적 관점에 따라 우리는 너무나도 쉽게 바뀐다. 이처럼 우리는 포괄적인 것 같지만 동시에 배타적이다.

끈끈한 결속력, 소속감, 혹은 유대감을 표현할 때 흔히 우리라는 단어를 사용한다. 대한민국 헌법이 "유구한 역사와 전통에 빛나는 우리 대한국민"이라는 표현으로 시작되고 미국 헌법의 첫 문장이자 가장 상징적인 문구 역시 "우리 미 합중국 국민(We the People of the United States)"인 것은 우연이 아니다. 그 외 일본, 인도, 러시아 등 많은 현대 국가가 자국 헌법 서문에서 우리라는 단어를 강조한다. 특정 집단에 소속되어 있는 구성원은 못 미덥거나 미워도 끝까지 끌어안아야 하는 존재로 여겨진다. 하지만 어디까지나 구성원이 우리 안에 속했을 때의 이야기이다.

"우리가 남이가!"라는 말에서 우리를 빼면 남이 되고 '미운 우리 새끼'라는 표현에서 우리가 빠지면 미운 새끼가 되는 것처럼, 우리 밖으로 밀려나면 상황은 사뭇 달라진다. 사람들은 자신이 속하지 않은 다른 집단을 단순화시키는 경향이 있다. 설상가상 그들에 대한 혐오를 정당화하기도 한다. 우리와 그들 사이에는 원천적인 차이가 있다고 믿고, 그들이 우리와 다를 뿐만 아니라 열등하다고 생각한다. 그래서 그들을 분리하고 배제하려고 든다. 선을 규정하고 동시에 악을 드러내며, 정답을 한정하고 동시에 나머지는 오답으로 치부하는 것처럼, 우리의 경계선을 기준으로 바깥에 있는 그들을 악하고 틀린 것으로 보는 것이다. 합리성이 결여된 집단적 분류 및 분리·배제 시도를 '차별'이라고 부른다.

차별이 만연한 사회, 즉 우리와 그들을 가르는 경계가 과도한 영향력을 행사하는 사회는 어떤 모습일까? 아마도 지극히 분열되어 있을 가능성이 높다. 우리가 설정한 울타리가 높고 공고할수록 그 경계 바깥에 있는 타인을 이해하기가 어려워지고 소통의 기회가 줄어들기 때문이다. 소통의 단절은 흔히 오해와 불신으로 이어진다. 그 틈을 더욱 강화된 편견으로 점철된, 내 편과 네 편을 구분하는 사고가 파고든다. 단순한 접근 방법은 객관성에 대한 의무를 덜어 주기 때문에, 편리한 만큼 합리성을 상실하기 십상이다. 그리하여 자신이 속하지 않은 집단을 점점 더 독선적이고 편협한 시각으로 판단하게 되는데, 이는 개인적인 차원에서도 큰 결함이지만 사회적인 차원에서도 엄청난 폐단이다.

뿐만 아니라 우리에 소속되지 못한 구성원은 부당한 차별과 독선적 시선으로부터 직접적인 피해를 입기도 한다. 상호 주관성을 띠고 있는 공간인 사회를 이루는 구성원은 자신의 속성과 상관없이 다른 구성원으로부터 배제 혹은 멸시를 당하지 않고 평등한 대우를 받을 것이라는 확신이 필요하다. 하지만 차별이 만연한 사회에서는 평등한 대우를 받기 위해 끊임없이 투쟁해야 한다. 그게 아니라면 현실과 타협하는 쪽을 택해야 한다. 근본적인 구조를 바꾸기보다 그저 자신의 신분만이라도 바뀌기를 꿈꾸는 것이다. 우리의 경계 바깥에 있는 그들의 울분과 패배감이 쌓이면, 아예 사회 구성원의 자격을 얻는 것 자체를 포기하고 이민을 떠나거나 극단적인 선택을 하기도 한다.

지금 대한민국 사회에는 좁고도 높은 울타리가 너무 많아 보인다. 우리는 일상에서 성별, 나이, 종교, 인종, 지역, 장애, 학력, 정치 성향, 성적 지향, 성 정체성 등 하나하나 열거하기도 어려울 정도로 많은 요소로 인해 차별을 당하거나 차별을 행한다. 그래서인지 차별에 익숙하고 또 능숙하다. 하지만 차별이 사회의 결속을 방해하고 평등의 가치를 훼손하는 것이 분명하다면, 지금이라도 차별이 만연한 문화를 바꿔야 할 것이다.

그렇다면 '우리'라는 좁은 울타리를 벗어나 더 넓은 의미의 '우리'를 발견할 수 있을까? 이는 이 책의 주제를 아우르는 질문이자 출발점이다. 여기까지 정리되자, 몇 가지 질문이 오징어잡이 배의 그물에 걸린 오징어처럼 줄줄이 딸려 나왔다.

우선 차별을 하는 이유, 즉 차별의 뿌리를 짚어야 했다. 어째서 우리는 사소한 차이만으로도 위계질서를 만들어내는 것일까? 내집단과 외집단을 일상적으로 나누는 원인은 무엇일까? 이분법적 구분은 본능적인 행위일까? 이러한 성향을 심화시킨 역사적·문화적 요인은 없는 것일까? 이는 '왜'에 해당하는 질문이 될 것이다. 다음은 '언제'와 '어디서'에 해당하는 질문을 할 차례이다. 차이는 언제 그리고 어디서 차별로 변할까? 우리와 우리가 아닌 이들을 구분하는 것은 늘 잘못된 행위일까? 때로는 차이를 인정해야 할 필요가 있지 않을까? 차이가 부당한 차별이 되는 순간은 언제이며, 이를 결정하는 기준은 무엇일까? 여기까지가 1부를 구성하는 주제이다.

그다음으로 차별을 '어떻게' 해소해야 하는지 논의해야 한다. 가장 어렵고 부담스러운 사안이다. 차별을 완전히 철폐한 사회는 여태껏 없었기 때문이다. 하지만 차별을 없앨 수는 없더라도, 이를 줄일 수 있지 않을까? 개인이 차별 행위를 하는 것을 막을 수는 없지만, 그에 대한 책임을 물음으로써 차별 행위를 점차 통제할 수 있지 않을까? 그렇다면 그 처벌의 범위와 정도는 어떻게 결정할 수 있을까? 마땅히 처벌당해야 할 차별과 반대로 용인될 수 있는 차별의 차이는 무엇일까? 여기까지가 2부가 다루고 있는 주제이다.

차별은 민감하고도 복잡한 주제다. 하지만 평등하고 정의로운 사회로 나아가기 위해서는 차별이 지닌 문제를 더 이상 기피해서는 안 된다. 더 집요하게 질문해야 한다. 더 격렬히 논쟁해야 한다. 차별에 관한 논의는 우리에 관한 물음과 맞닿아 있다. 그래서 《차이, 차별, 처벌》은 우리에 대한 책이고, 조금 더 정확히 우리의 정의definition에 대한 책이며, 그렇기에 우리의 정의justice에 대한 책이기도 하다.

CONTENTS

차이,
차별,
처벌,

2부 차별에서 처벌까지

1부

차이
에서

차별
까지

1

차이 나는
클래스

태초에 하나님이 천지를 창조하시니라 땅이 혼돈하고 공
허하며 흑암이 깊음 위에 있고 하나님의 영은 수면 위에
운행하시니라 하나님이 이르시되 빛이 있으라 하시니 빛
이 있었고 빛이 하나님이 보시기에 좋았더라 하나님이 빛
과 어둠을 나누사 하나님이 빛을 낮이라 부르시고 어둠을
밤이라 부르시니라 저녁이 되고 아침이 되니 이는 첫째 날
이니라.

《창세기》(개역개정4판) 1장 1~5절

태초에 차이가 있었다. 빛과 어둠, 하늘과 땅, 육지와 바다, 그리고 그곳에 존재하는 각양각색의 생물까지, 우리는 세상에 존재하는 다양한 차이를 발견하고 그것을 부지런히 구분하고 분류해 왔다. 빛이 가득한 시간은 낮, 어둠이 지배하는 시간은 밤이라고 불렀다. 낮과 밤 사이에 흐르는 시간은 24시간으로 나누었다. 현대에 이르러서는 일정을 초 단위로 쪼개 관리하기도 한다. 드넓은 바다는 위도와 경도에 따라 태평양, 대서양, 인도양 등으로 규정했다. 육지 또한 국가나 도시 단위로 경계선이 그어졌다. 심지어 육안으로는 차이를 확인하기 어려운 밤하늘의 별에도 양자리, 물병자리 등 각기 다른 이름을 붙였고, 더 나아가 육안으로는 아예 보이지도 않는 분자와 원자까지 세세하게 구별했다. 이 세상 모든 것을 구분하고 분류해 온 것이다.

인류 역시 예외는 아니었다. 생물학적 성별과 피부색은 가장 직관적인 분류 기준이었다. 문화와 종교는 신념과 사상을 넘어 관습, 의상, 식습관 등 폭넓은 분야에 걸쳐 눈에 띄는 차이를 만들어냈고, 이는 중요한 분류 기준이 되었다. 왕과 신하, 귀족과 평민, 양반과 상민, 주인과 노예, 자본가와 노동자 같은 경제적·사회적 신분 차이는 사회의 계층화에 막강한 영향력을 행사했다. 이를 두고 카를 마르크스Karl Marx와 프리드리히 엥겔스Friedrich Engels는 "인간의 모든 역사는 계급class 투쟁의 역사다."라고 선언하기도 했다. 그야말로 '차이 나는 클래스class'였다. 이 밖에도 국적, 나이, 학력, 장애, 성적 지향, 성 정체성 등 수많은 분류 기준이 생겼고, 이를 기반으로 사회의 위계질서를 정립해 나갔다. 그런면에서 인간의 역사는 분류classi-fication 투쟁의 역사이기도 했다. 이때 '투쟁'이라고 칭한 이유는—수많은 분류 기준으로 인해—특정 집단이 사회의 위계질서에서 더 우월한 위치를 차지했을 때, 대개 종속 집단은 지독한 차별과 억압을 경험했으며 이에 맞서야 했기 때문이다.

——— 가장 오래된 분류 기준

고대 이집트 신화에 등장하는 최초의 신 누Nu는 흥미로운 신체적 특징을 가졌다. 여성의 유방과 남성의 턱수염, 성기를 동시에 가지고 있는 것이다. 고대 이집트인은 여성과 남성의 경계가 불명확한 누를 가장 초월적이고 신비한 존재로 여겼다. 그들에게 누는 혼돈과 심연 그 자체를 의미했다.

이는 그리 이상한 일이 아니었다. 인간에게 성별은 가장 명백하고도 보편적인 분류 기준이었기 때문이다. 신적 존재와 달리 인간은 태초부터 생물학적 기준으로 여성과 남성으로 범주화되었다. 생식기에서도 차이를 보였지만, 평균적인 신체 조건과 심리 측면에서도 여성과 남성은 무시하지 못할 차이를 보였다. 오죽하면 남자는 화성에서 왔고 여자는 금성에서 왔다는 말이 있겠는가.

성별을 기준으로 세워진 위계질서는 시대와 지역, 문화권을 막론하고 항상 존재했기에, 성별은 가장 오래된 분류 기준이라고 볼 수 있다. 물론 남성성과 여성성이 내포하는 가치가 늘 고정적이었던 것은 아니다. 남성성과 여성성에 대한 개념은 시대와 지역에 따라 끊임없이 변화해 왔다. 하지만 위계질서 내 남성과 여성의 위치는 쉽게 바뀌지 않았다. 자료가 극히 제한적인 탓에 베일에 가려져 있는 수렵 채집 사회를 제외하고, 농경 시대 이후부터는 줄곧 부계 사회였다.[1]

남성을 중심으로 작동하는 가부장제는 거의 모든 사회에서 발견되는 보편적인 제도이다. 남녀가 유별하고 아내는 남편을 섬겨야 한다는 삼강오륜이나 최초의 여성이 남성의 갈비뼈에서 만들어졌다는 창조론은 모두 남성을 여성보다 우위에 놓는 가부장적 시각에 기반한다. 물론 예외도 있다. 여전사로만 구성된 부족 아마조네스에 대한 기록이나 통치자의 위치까지 올라간 영국의 엘리자베스 1세와 클레오파트라, 선덕 여왕이 그 예이다. 하지만 역사에서 몇 안 되는 예외에 불과하다. 이 같은 예외적인 경우를 제외하면 여성은 늘 종속적인 위치에 놓인 집단이었다.

앞서 말했듯이, 특정 집단이 사회의 위계질서에서 더 우월한 위치를 차지했을 때 대개 종속 집단은 지독한 차별과 억압을 경험한다. 여성도 마찬가지였다. 여성에게 가해진 온갖 종류의 억압과 폭력을 살펴보면, 우위를 점한 집단이 다른 집단에게 얼마나 잔혹하게 행동할 수 있는지 알게 된다. 여성이 차별과 착취, 더 나아가 폭력의 대상이 된 사례는 수없이 많지만 그중에서 가장 끔찍한 피해는 강간일 것이다.

——————— **역전된 관계**

"여기가 강간의 왕국이야?" 영화 〈살인의 추억〉의 대사이다. 현실에서도 별반 다르지 않다. 전 세계가 마치 거대한 강간의 왕국 같다는 생각이 들 정도로, 강간은 시대와 장소를 불문하고 발생했다. 고대 그리스나 고대 바빌로니아까지 거슬러 올라가도 기록이 남아 있을 만큼, 강간은 오래전에도 빈번했다. 백 년 전쟁, 제1차 세계 대전, 제2차 세계 대전, 방글라데시 독립 전쟁, 쿠웨이트 침공, 보스니아 전쟁, 코소보 전쟁, 르완다 내전 등 군사적 침략 행위에서도 대규모 집단 강간이 발생했다.

강간은 끔찍한 범죄이다. 피해자에게 엄청난 육체적 고통과 정신적 충격이 가해지는 것과 동시에 원하지 않는 임신이나 낙인 효과 등 이차적 피해까지 동반하기 때문이다. 그럼에도 불구하고 비교적 최근까지 대다수의 사회에서는 강간 피해 여성에게도 그 책임이 있다고 생각했다.

역사적으로 강간은 피해 여성에 대한 침해가 아니라 여성의 아버지나 남편, 즉 남성에 대한 침해로 여겨졌다. 함무라비 법전을 포함한 세계의 여러 전통 법률은 하나같이 여성을 아버지나 남편의 재산으로 취급했다. 그리하여 강간은 재산권 침해로 다루어졌다. 여성이 강간 피해를 입고 '훼손'되었을 때, ─ 다른 재산과 마찬가지로 ─ 판매나 처분의 대상이 되어[2] 강간범에게 팔려나가는 것은 꽤 흔한 일이었다. 강간범은 피해 여성을 아내로 사들여 체면을 회복하고, 피해 여성의 아버지나 남편은 침해당한 재산에 대한 적절한 보상을 받는 식이었다. 한마디로 소유권 이전이 이루어진 셈이다. 이와 같은 방책은 《신명기》 22장 28~29절에도 상세히 서술되어 있다. "만일 남자가 약혼하지 아니한 처녀를 만나 그를 붙들고 동침하는 중에 그 두 사람이 발견되면 그 동침한 남자는 그 처녀의 아버지에게 은 오십 세겔을 주고 그 처녀를 아내로 삼을 것이라 그가 그 처녀를 욕보였은즉 평생에 그를 버리지 못하리라."

어처구니없이 강요되는 결혼을 거부한다고 해서, 피해 여성의 상황이 더 나아지는 것은 아니었다. 지울 수 없는 사회적 낙인이 찍혔기 때문이다. 명예가 더럽혀졌다는 이유로 살해 위협을 받거나 다름 아닌 본인의 가족에게 살해당하는 경우도 부지기수였다.

사법 정의가 국유화되어, 국가가 강간을 범죄로 규정하고 나서도 상황은 크게 나아지지 않았다. 강간을 증명하는 일은 피해 여성에게 절대적으로 불리했으며 강간에 대한 고발은 쉽게 묵살되기 일쑤였다. 2017년 이탈리아에서는 피해 여성이 너무 남성적으로 생겼다는 이유로, 피고인들이 항소 법원에서 무혐의 판결을 받고 석방된 경우도 있다. 재판부는 피해 여성의 외모가 추해서 성적 매력을 느끼지 않았다는 피고인들의 진술을 참고했다고 밝혔다. 심지어 피해 여성의 사진이 피고인들의 주장을 반영한다고도 덧붙였다. 이 판결은 세 명의 여성 판사로부터 나온 것이다.

성범죄는 피해의 심각성을 축소하고 피해자가 아닌 가해자의 입장을 우선시하는 현상이 가장 두드러지는 범죄이다. 소매치기 사건이나 폭행 사건의 경우, 순간의 실수나 잠깐의 충동을 못 이겨 범죄를 저질렀다는 변명이 거의 통하지 않는다. 하지만 성범죄는 순간의 실수나 잠깐의 충동으로 발생될 수 있는 범죄로 인정된다.

2016년 미국에서 브록 터너Brock Turner가 저지른 강간 사건이 대표적인 예이다. 그는 완전히 정신을 잃은 여성을 강간해 고발되었다. 검사는 터너에게 최소 6년의 징역형을 구형했고 배심원들 또한 유죄를 선고했다. 가해자의 아버지는 20년도 살지 않은 아들이 고작 20분의 실수로 감옥에 가는 것은 너무 가혹한 처사라고 읍소했고, 이에 판사는 결국 징역 6개월을 선고했다. 터너가 아직 젊다는 점, 그리고 강간죄로 복역할 경우 장래가 망가질 수도 있다는 점이 감형 이유였다. 어째서인지 20년도 살지 않은 피해 여성이 20분의 성폭행으로 앞으로 20년, 혹은 그 이상 동안 고통받으며 살 수도 있다는 가능성은 고려되지 않았다.[3]

성범죄 피해자에게 책임을 전가하는 경우도 많다. 왜 늦은 시간까지 가해자와 함께 있었는가? 왜 술을 많이 마셨는가? 왜 가해자에게 더 빨리 더 확실하게 선을 긋지 않았는가? 왜 곧바로 신고하지 않고 뒤늦게 문제 삼는 것인가? 성범죄 피해자에게 쏟아지는 의혹은 피해자를 더욱 고립시킨다. 이러한 구조하에서 문제의 핵심이라고 할 수 있는 가해자의 행위는 축소되거나 아예 삭제되고, 피해자의 부주의와 동기만 부각된다. 가해자와 피해자의 관계가 역전되는 것이다. 이는 피해자에게 엄청난 부담과 상처를 줄 뿐만 아니라 성범죄 예방 차원에서도 전혀 도움이 되지 않는다.

먼 나라의 이야기가 아니다. 우리나라 역시 성범죄에 대한 처벌이 지나치게 가볍다는 비판이 끊임없이 제기되고 있다. 실제로 사법 과정에서 성범죄 피해자의 입장을 철저하게 배제한 판결도 많다.

1964년 법원은 피해 여성에게 강제로 입을 맞추고 성폭행을 시도하려던 가해 남성이 혀가 물린 사건에 징역 10개월에 집행 유예 2년을 선고했다. 놀랍게도 이 처벌은 가해자가 아니라 가해자의 혀를 깨문 피해자에게 선고된 내용이다. 죄목은 중상해죄였다.

1973년 법원이 나서서 피해자와 가해자를 짝지어 준 황당한 경우도 있다. 남자 고등학생이 평소 짝사랑하던 동갑내기 여자 고등학생을 강제로 추행한 사건이었다. 1심에서 징역을 선고받자 가해자는 곧바로 항소했는데, 이때 고등 법원 판사들의 반응이 압권이었다. 피해자와 그의 부모에게 기왕 버린 몸이니 백년해로하는 게 좋겠다며, 백 년이 지나도 해로운 논리를 펼친 것이다. 재판부는 가해자와 피해자 부모를 설득해 법정에서 약혼까지 치르게 했다.

1998년에도 비슷한 판결이 있었다. 지나가던 17살 여학생을 승용차에 태워 성폭행한 운전기사가 1심에서 징역 2년 6개월을 선고받고 항소심에서 집행 유예로 석방된 사건이었다. 당시 피해자의 부모는 두 사람을 결혼시키기로 했으니 선처를 바란다는 내용이 적힌 탄원서를 제출했는데, 법원은 이를 받아들였다. 재판부는 판결문에서 운전기사가 초범이고 잘못을 반성하고 있다는 점, 가해자 부모와 피해자 부모가 모두 결혼에 합의했다는 점을 양형 이유로 설명했다. 이때도 미성년자였던 피해자의 입장은 반영되지 않았다.

21세기에 이르러서는 강간범과 결혼을 강제함으로써 가족의 명예를 지킬 수 있다는 믿음이나 결혼을 유도하는 악법이 대부분 사라졌다.

오늘날 강간에 대한 인식은 눈에 띄게 달라졌다. 살인, 강도, 방화와 더불어 '4대 강력 범죄'로 불리는 만큼 대부분의 사람은 강간을 극악무도한 흉악 범죄로 생각한다. 성추행이나 불법 촬영, 음란물 유포, 성희롱 발언에 대한 인식이 크게 달라졌으며 성폭력 범죄와 관련된 처벌 규정 또한 대폭 강화되었다. 이는 자율의 원칙에 대한 일정 수준의 사회적 합의를 이루어낸 덕분이다. 즉, 모든 개인은 자신의 신체와 섹슈얼리티에 있어 절대적인 권리를 가지며 그것이 강탈당하거나 침해당해서는 안 된다고 인정하게 된 것이다.

하지만 피해 여성에게도 강간의 책임이 있다는 편견은 여전히 잔재한다. 피해자를 의심하거나 피해자에게 책임을 일부 돌리는 사회적 통념은 끈질기게 살아남았다. 피해자의 이해를 중시하는 방향으로 법률과 사회적 인식이 발전해 왔지만, 강간 피해 여성에게는 적용되지 않았다. 도덕적 감수성이 놀라울 만큼 확장된 요즘 시대에도 짧은 치마를 입고 다닌 사람에게도 잘못이 있다거나 술 먹고 늦은 시간에 왜 돌아다니냐는 반응을 심심찮게 목격할 수 있다. 사회제도 및 사회 담론에 여성의 관점이 지속적으로 반영되지 않는다면 이 같은 사회적 통념은 결코 쉽게 사라지지 않을 것이다.

########### 인종과 피부색이라는 표지

"표지만 보고 책을 판단하지 말라Don't judge a book by its cover."라는 격언이 있다. 겉만 보고 속을 판단하지 말라는 의미이다. 그럼에도 불구하고 책을 고를 때는 표지가 큰 영향을 끼친다. 마찬가지로 사람을 판단할 때는 인종과 피부색을 고려하는 습관을 떨치기 어렵다.

　인종과 피부색으로 인해 발생한 차별과 폭력의 역사는 길고 그 사례는 방대하다. 대표적인 예로 인종, 민족, 종교 등에서 차이를 보이는 특정 집단을 말살하기 위한 의도적 행위인 제노사이드가 있다. 1923년 일본 관동 대지진 당시 조선인에 대한 악성 유언비어가 퍼지며 촉발된 관동 대학살이나, 1937년 중일 전쟁 당시 일본군이 난징에 진입하여 수만 명 이상의 중국인을 학살한 난징 대학살이 제노사이드에 해당된다. 제2차 세계 대전 중 나치 독일이 유대인을 대상으로 자행한 홀로코스트 역시 인종과 피부색으로 인해 발생한 차별과 폭력의 결과이다.

단지 민족이나 피부색이 다르다는 이유로 수천, 때로는 수만 명을 잔인하게 학살하는 행위를 어떻게 이해해야 할까? 정치학자 도널드 호로위츠Donald Horowitz는 일찍이 집단 폭력의 본질을 분석한 바 있다. 그는 인종으로 인해 촉발되는 집단 살해의 과정을 세 가지 단계로 정리했다.

첫 번째 단계는 비인간화하는 것이다. 이는 특정 집단을 인간 이하의 존재나 불결하고 타락한 존재로 파악하는 것에서 시작된다.[4] 나치 독일은 본격적으로 홀로코스트를 시행하기 전에 유대인에 대한 비인간화 작업부터 실시했다. 그 일환으로 독일 제삼 제국 문화국이 주최한 반유대주의 전시회 〈영원한 유대인Der Ewige Jude〉, 그리고 동명의 영화에서 유대인을 전염병을 퍼뜨리는 비위생적인 쥐에 비유하거나 독일에 기생하면서 독일 문화를 오염시키는 이방 민족으로 묘사했다. 한편 최초로 서아프리카에 진출한 유럽인은 흑인을 유인원과 동일시했으며, 르완다 내전 기간 동안 후투족Hutus은 라이벌 민족 집단인 투치족Tutsis을 바퀴벌레에 비유했다. 환영받지 못하는 이민자 집단이 해충이나 설치류에 비유되는 일은 비일비재했다. 특정 집단이나 인종을 혐오스러운 존재로 인식하면, 그들을 실제로 혐오하기가 쉬워졌기 때문이다.

다음 단계는 표적화하는 것이다. 집단 살해는 합리성이나 사실에 기반하기보다는 부풀려지거나 날조된 헛소문의 영향으로 촉발되는 경우가 많다. 이미 비인간화 작업을 통해 특정 집단에 대한 반감을 퍼뜨린 상황에서 선전 선동을 실시해 표적화하는 것은 꽤나 효과적인 결과를 가져왔다. 혐오 집단에 가해지는 폭력을 용인하거나 최소한 묵인하도록 만든 것이다. 관동 대학살이 표적화의 예이다. 당시 일본의 극우 언론은 조선인이 폭동을 조장한다거나, 재난이 일어난 시기를 틈타 조선인과 사회주의자가 결탁하여 폭탄 테러를 계획하고 있다는 기사를 쏟아냈다. 그 결과 대중들은 조선인이 우물에 독을 풀었다거나, 조선인이 일본에 지진이 일어나게끔 저주를 퍼부었다는 다소 황당한 소문까지 믿기 시작했다. 근거 없는 소문은 점차 조선인을 향한 적개심에 불을 지폈고 이는 대지진으로 피폐해진 일본인의 민심과 맞물리면서, 무차별적 폭력이라는 결과를 가져왔다.

마지막 단계는 결국 폭력이다. 특정 집단을 향한 비합리적 편견이나 증오에 사로잡힌 폭력은 특히 더 악랄하고 잔인하다. 비인간화나 표적화의 대상이 된 집단에게 휘두르는 폭력에는 마땅한 제동 장치도 없다. 잔학한 행위를 저지르고 난 후에도 가책조차 느끼지 않는다. 오히려 정당한 응징을 했다고 생각하며 잔학한 행위에 면죄부를 준다. 미국인이 아메리카 원주민에게 가한 폭력은 인종 청소 혹은 집단 살해로 불릴 정도로 잔혹하고 광범위했지만, 당시에는 아주 간단하게 합리화되었다. '명백한 운명Manifest Destiny'을 들먹이며, 미국인은 북미 대륙을 지배하고 개발해야 한다는 신의 명령을 받았으므로 이를 달성하기 위해 폭력이 이루어지는 것은 어쩔 수 없는 일이라고 치부한 것이다.

1820년대와 1830년대에는 아메리카 원주민을 학살한 행위에 대한 죄책감을 덜기 위한 연구 결과가 발표되기도 했다. 아메리카 원주민은 지능이 낮고 호전적이므로 백인보다 열등하다는 내용이었다. 즉, 특정 집단이 백인과 같은 수준의 인간이 아니라면 해당 집단에게 가해지는 학살을 도덕적으로 비난할 이유가 없다는 주장이었다. 일부 과학자로부터 제기된 인종 열등성 이론은 당시 대중에게 폭넓은 지지를 받았다.

미국의 사과와 반성은 수 세기가 지나고 나서야 이루어졌다. 2009년 국방예산법Defense Appropriation Act의 구석진 곳에 "미국 시민은 아메리카 원주민을 대상으로 가한 여러 건의 폭력, 학대, 방치 등에 사과한다."라는 내용이 포함된 사과문이 실린 것이다. 최소 수십만 명의 목숨을 앗아간 폭력에 대한 사과치고는 꽤나 인색하다고 할 만하다.[5] 이 사과문이 미국 주요 신문의 1면에 소개되는 일은 일어나지 않았다.

다양한 인종이 모여 있는 미국 사회에서는 인종 간 갈등이 빈번했고 그 역사는 핏자국으로 짙게 얼룩졌다. 실제로 독일인, 폴란드인, 이탈리아인, 아일랜드인, 중국인 등 거의 모든 이민자 집단이 인종 폭동 피해를 입었으며, 제2차 세계 대전 당시에는―집단 살해로 이어지진 않았지만―일본계 미국인 역시 교전국과 인종이 같다는 이유만으로 무려 10만 명이 강제 수용소에 수감되었다.[6]

미국 내에서 가장 극심한 인종 차별과 폭력의 피해를 입은 집단은 아프리카계 미국인일 것이다. 아프리카계 미국인에 대한 비인간화 작업은 아메리카 원주민에 대한 비인간화 작업과 거의 흡사했다. 노예 거래로 엄청난 경제 호황을 누리게 된 미국은 검은 피부색을 가진 인종을 열등한 존재로 각인시키는 데 착수했다. 당시 과학자들은 턱의 길이, 팔의 길이, 두개골의 크기와 같은 신체적 특성을 들먹이며, 백인이 동물에서 가장 멀리 진화한 인종이라고 판단한 반면 다른 인종과 비교했을 때 아프리카인은 동물에 가깝다고 주장했다. 이러한 논리를 적극적으로 포용한 미국인은 아메리카 원주민을 몰살했던 것처럼, 아프리카인을 납치해 250년 동안 물건을 거래하듯 사람을 사고팔았다. 아프리카인을 인간과 동떨어진 존재로 생각했기 때문에 이들에게 행해진 노동력 착취를 비난할 도덕적 근거가 없었다.

16세기에서 18세기에 걸쳐 미국으로 수입된 수백만 명의 아프리카인은 대규모 농장과 광산에서 노예로 일하며 대대손손 착취당했다. 노예 제도가 폐지되고 나서도 끊임없이 인종 차별로 인한 폭력에 노출되었다. 남북 전쟁 이후에도 남부에서는―단지 몇 년 동안—수천 명의 아프리카인이 살해되었다. 물론 북부도 안전하지 않았으며, 뉴욕, 시카고, 필라델피아와 같은 대도시에서도 인종 폭동이 발생했다. 아프리카계 미국인이 린치나 테러를 당한 사건은 수십 개의 도시에서 수천 건이나 일어났다.[7] 기록조차 되지 않은 강간, 고문, 구타, 처형 등의 폭력은 이보다도 많을 것이다.

19세기부터 20세기까지 아프리카계 미국인에게 가해진 린치는 은밀하거나 암암리에 행해지는 다른 폭력 행위와 본질부터 달랐다. 린치는 일정한 절차와 의식을 거쳐 진행되었고, 축제 분위기와 비슷한 환경에서 이루어지기도 했다. 결혼식 혹은 일요 예배에서나 볼 법한 정장 차림에 모자까지 챙겨 쓴 백인 군중은 즐거운 표정으로 린치 장면을 지켜보았다. 공동체 전체가 참여하는 일종의 행사로 생각된 것이다. 잔혹 행위가 끝난 뒤에는 숯덩이로 변한 흑인 앞에서 성인을 비롯해 만 3~4세의 어린이까지, 다양한 사람들이 포즈를 취한 채 기념사진을 찍었다. 흑인의 신체를 뜯어내어 기념품으로 가져가거나 기념품 상점에 팔아넘기기도 했다.

가장 유명한 린치는 에밋 틸Emmett Till 피살 사건이다. 틸은 14살의 흑인 소년이었다. 시카고에 살던 그는 여름 동안 삼촌 집으로 놀러 갈 계획이었다. 틸의 어머니는 미시시피주에 처음 방문하는 아들에게 미시시피주의 백인 주변에서는 특히 행동거지를 조심할 것을 당부했다. 그 또래 아이들이 흔히 그러듯이, 틸 또한 어머니의 경고를 그다지 귀담아듣지 않았다.

1955년 8월 24일, 미시시피주에 도착한 틸은 한 가지 실수를 저질렀다. 상점에서 껌을 사고 나오면서 그곳에서 일하던 백인 여성에게 추파를 던진 것이다. 백인 여성은 자신의 남편에게 틸이 "잘 있어, 자기."라는 인사와 함께 휘파람을 불었다고 말했다. (여성은 수십 년이 흐른 뒤 자신의 진술이 거짓이었다고 자백했다.) 이야기를 듣고 격분한 남편은 이복형제와 함께 틸의 삼촌 집으로 침입해 틸을 납치했다. 며칠 뒤, 틸의 시신이 심하게 훼손된 상태로 인근 강가에서 발견되었다. 오랜 시간 강물에 방치된 탓에 형체를 제대로 알아보기가 어려웠지만, 심각한 구타의 흔적이 있었으며 두 눈이 도려져 있었다.

당국은 틸의 시신을 신속히 묘지에 묻길 건의했다. 하지만 틸의 어머니는 강인한 여성이었다. 그는 아들의 주검을 시카고로 송환해 달라고 요청했다. 틸의 장례를 오픈 캐스킷open casket, 즉 관을 열어둔 채로 치르길 원했기 때문이다. 전 세계가 자신의 아들에게 일어난, 그리고 미국이라는 나라에서 일어나고 있는 비극을 알아야 한다고 믿었다. 그렇게 14살 소년의 참혹한 주검이 세상에 공개되었다.[8] 《뉴욕 타임스The New York Times》를 포함한 유수의 매체가 틸의 죽음을 앞다투어 보도했다. 이는 미국 사회에 엄청난 충격을 주었고, 흑인 민권 운동의 가장 강력한 기폭제가 되었다. 이와는 별개로 틸을 납치해 살해한 가해자들은 백인으로만 구성된 배심원단에 의해 고작 한 시간 만에 무죄 판결을 받았다. 2020년이 되어서야 미하원은 인종 증오 범죄에 근거한 린치를 최고 종신형까지 선고할 수 있는 법률인 '에밋 틸 법'을 통과시켰다.[9]

물론 21세기에 이르러서는 인종 차이로 인한 증오 범죄가 감소세를 보이고 있다. 대다수의 사람은 피부색의 차이는 그저 식습관과 기후에 인류가 적응한 결과라는 사실을 인지하고 있다. 뿐만 아니라 서로 다른 인종 집단이나 민족 사이에서 발견되는 생물학적 차이는 같은 인종 집단의 개별 구성원 사이에서 발견되는 생물학적 차이와 비슷하거나, 더 적게 발견된다는 사실도 과학적으로 입증되었다. 하지만 우리는 아직도 '흑인의 생명은 소중하다Black Lives Matter'와 같은 구호가 필요한 세상에서 살고 있다. 특히 코로나바이러스가 전 세계로 확산되면서 흑인뿐만 아니라 동양인 또한 인종 증오 범죄의 표적이 될 수 있다는 사실을 경험하게 되었다. 동일한 시기에 한국 사회에서는 외국인을 혐오하는 분위기가 형성되었다. 온라인에서뿐만 아니라 길거리와 사업장에서도 차별 행위가 산불 번지듯 퍼져 나갔다. 심지어 한 지방 자치 단체는 연말연시 특별 방역 대책으로 외국인 노동자 거주 지역을 집중 점검 대상으로 특정하는 등 노골적인 차별적 인식을 드러내기도 했다. 집단 폭력은 줄어들었어도 마음속에 인종과 피부색을 향한 편견은 끈질기게 살아남아 있는 것이다.

미국의 메인주 뱅고어시에서 세 명의 십 대가 찰리 하워드Charlie Howard 라는 남성을 강물에 던진 사건이 발생했다.

찰리는 어렸을 때부터 천식을 앓았고 몸도 연약한 편이었다. 야생과 비슷한 아이들의 세계에서 약한 찰리는 공격의 대상이 되었다. 그중 가장 큰 고통은 그의 성 정체성으로 인한 멸시와 따돌림이었다. 하지만 자신을 있는 그대로 인정해 주는 친구들을 만나고 나서부터 삶의 활력을 되찾았고 성 정체성을 받아들일 수 있었다. 뱅고어시에 완전히 정착하기로 마음먹은 후에는 새끼 고양이를 입양하기도 했다. 찰리는 이 시기에 동성애자 커플의 아들이 보수적인 가정의 딸과 결혼을 발표하면서 벌어지는 에피소드를 담은 뮤지컬 〈라 카지 오 폴La Cage aux Folles〉의 주제곡 〈나는 나일뿐I am what I am〉을 자주 흥얼거렸다.[10] "깃털과 화장을 좋아하는 게 어때서. 왜 다른 각도에선 보지 않으려고 하는 거야? 나는 나일뿐. 나는 나야. 내가 나라고 외치지 못하는 인생은 큰 의미가 없어. 내가 나인 것에 변명은 필요 없어."

노랫말과는 달리 당시에는 동성애자가 자신의 성 정체성을 드러내기 어려운 시대였다. 찰리 역시 자신의 성 정체성이 명확해질수록 사회와의 경계선이 선명하게 보였고, 자신의 목소리를 또렷이 낼수록 사회와의 불협화음을 도드라지게 느꼈다. 심지어 직접적인 위협을 받기도 했다. 누군가가 찰리의 새끼 고양이를 목 졸라 죽인 뒤 현관에 두고 간 것이다.

1984년 7월 7일, 찰리 역시 폭력의 희생양이 되었다. 찰리가 게이라는 사실을 알고 있던 세 명의 고등학생은 남자 친구와 저녁 식사를 마치고 집으로 돌아가는 찰리를 발견하고는 욕설을 퍼부으며 뒤를 쫓아갔다. 천식을 앓던 찰리는 혈기 왕성한 학생들의 추격에서 달아나지 못했고 다리 위에 쓰러지고 말았다. 학생들은 쓰러져 있는 찰리를 구타하고 난 뒤, 그를 다리 아래로 내몰았다. 찰리는 마지막 순간까지 온 힘을 다해 다리 난간에 매달렸고, 수영을 할 줄 모른다며 애원했다. 이미 집단 광기에 빠진 학생들에게 그 외침은 닿지 않았고, 결국 찰리는 처참하게 강물에 던져졌다. 남자 친구의 신고를 받고 출동한 경찰은 곧바로 수색에 착수했지만 찰리는 주검으로 발견되었다. 찰리의 죽음 이후, 다리에는 추모의 글이 아닌 "호모 새끼들은 여기에서 뛰어내려라."라는 낙서가 새겨졌다.[11]

찰리에게 가해진 폭력과 같은 증오 범죄는 특정 시대에 발생한 일시적인 현상도 아니고 특정 국가나 문화권에 국한된 국지적인 현상도 아니다. 동성애 박해는 오랜 기간 동안 전 세계에서 자행되었다. 흔히 반동성애적 정서가 중세 기독교 문화에서 파생된 것으로 알려져 있지만, 사실 동성애 박해는 예수의 가르침과 무관할 뿐만 아니라 그가 탄생하기 전부터 존재했다. 그렇다면 마땅한 동기가 없어 보이는 반동성애적 정서가 이토록 광범위하게 퍼진 이유는 무엇일까? 수많은 국가는 왜 동성애를 처벌하는 법률까지 제정해 이를 제도화한 것일까? 다음의 두 편지가 이 물음에 대한 실마리를 제공할 것이다. 먼저 아들이 게이라는 사실을 알게 된 어느 아버지가 자신의 아들에게 보낸 편지다.

> 제임스, 이 편지를 쓰기가 너무 힘들었지만 꼭 써야 할 것 같다. 너의 타락을 내가 축복해 줄 것이라 생각하고 전화하지는 않았으리라 생각한다. 나는 너와 아름다운 추억을 지니고 있단다. 하지만 이젠 지난 과거일 뿐이다. 앞으로 더 이상 나와의 대화를 기대하진 말거라. 그럴 일은 없을 거다. 내가 너를 찾아갈 일도 없을 것이고, 네가 나를 찾아오길 원치도 않는다. 너는 <u>스스로 잘못된 선택을 한 거야</u>. 하나님은 부자연스러운 생활을 용납하지 않을 거다. 내 장례식에 오지 않아도 내 친구들과 가족들은 이해할 거다. 생일 축하하고 앞으로 잘 살아라. 앞으로 선물을 주고받을 일도 없을 거다. 잘 있거라.[12]

다음은 손자가 게이라는 사실을 알게 된 어느 할아버지가 자신의 딸에게 보낸 편지다.

> 크리스티, 딸인 너에게 실망했다. 이것이 가문의 수치라는 너의 말이 맞다. 다만 누가 진짜 수치스러운 행동을 하고 있는

건지 너는 모르는 것 같아. 진정 혐오스러운 건 손자인 채드가 게이라는 사실이 아니라, 네가 단순히 그 이유만으로 그를 집에서 쫓아낸 사실이다. 진정 부자연스러운 건 게이인 것이 아니라 부모가 자식을 버리는 것이야. 이 난리 속에서 네가 한 말 중에 유일하게 옳은 건 '자식을 게이로 키우지 않았다는 것'이다. 당연한 소리다. 애초에 그렇게 태어난 것이지, 그가 선택한 것은 아니니까. 그러나 너는 편협하고 뒤처지고 상처를 주는 사람이 되기로 선택한 것 같구나. 네가 자식을 버리는 모습을 보니, 나 또한 이참에 너와 작별 인사를 해야 할 것 같다. 나에게 멋진 게이 손자가 생겼으니, 이제 비정한 딸을 위한 시간은 없구나. 네가 인정머리를 되찾는다면, 그때 다시 연락하렴.[13]

두 편지에서 동성애에 대한 완전히 상반된 시각을 발견할 수 있다. 하나는 배척이고, 다른 하나는 포용이다. 이때 극적으로 대립하는 개념이 있다. 바로 '자연스러움'과 '선택'이다. 이는 동성애 논쟁에서 상당히 중요한 문제로, 동성애가 자연스러운 행위가 아니라는 점은 꽤 긴 시간 동안 반동성애 집단의 강력한 주장의 논거였다.

지난 수천 년간 동성애는 자연을 거스르는 범죄라는 죄목으로 박해받았다. 이러한 도덕적 혐오감은 법률로 옮겨졌고, 동성애자는 국가의 주도 혹은 국가의 용인하에 사형, 고문, 투옥 등 가혹한 처벌을 받았다. 기독교나 이슬람 문화권의 고대 왕국에는 동성애를 규제하는 법률이 있었으며 수많은 현대 국가들도 여전히 동성애를 불법으로 규정하고 있다. 이란, 모리타니, 사우디아라비아, 수단, 예멘, 나이지리아의 일부, 소말리아의 일부에서는 동성애자라는 이유만으로도 사형을 선고할 수 있다.

동성애를 금하는 사회에서는 이성 간의 관계는 자연스럽고, 동성 간의 관계는 부자연스럽다고 본다. 이성애는 성관계가 가능하며 임신을 통한 종족 번식도 이루어지기 때문에 생물학적으로 자연스러운 결합이지만, 동성애는 그렇지 않다는 것이다. 이는 신체의 모든 부분이 특정 목적에 맞춰 만들어졌다는 시각에서 비롯되는 주장이다.[14] 이에 따라 목적에 맞게 사용된다면 자연스러운 것이고 목적과 다르게 사용된다면 부자연스러운 것으로 판단한다. 물론 이는 목적론적 설명의 오류에 해당된다. 반동성애 집단의 주장대로라면, 결혼과 출산으로 이어지지 않는 이 세상 대부분의 첫사랑은 모두 부자연스럽고 의미 없는 사랑이 되고 만다.

동성애가 인간의 본성과 자연의 법칙에 반하는 부자연스러운 행위가 아니라는 점을 증명할 수 있는 아주 좋은 예가 있다. 바로 동성애를 제도화한 사회가 존재했다는 사실이다. 고대 그리스의 엘리트 사회에서는 동성애가 합법이었을 뿐만 아니라, 이성애보다 건설적이라며 적극적으로 권장되었다. 남성 간의 동성애를 자연스럽고 신성한 것이라고 여겼기 때문에 동성애를 혐오하지 않았다.[15] 오히려 이성애가 열등한 것이라는 인식이 팽배했다. 여성을 불완전한 존재로 여겼기 때문이다. 이로 인해 남성 간의 사랑이 더욱 고귀하게 인식된 경향이 있었다. 이 또한 바람직하다고 볼 수는 없지만, 어쨌거나 고대 그리스의 엘리트 사회는 동성 간의 사랑을 불결하고 부자연스러운 것으로 보는 시각이 시대와 장소를 초월하는 보편적인 인식이 아니라는 사실을 아주 분명하게 보여준다.

──── **선천적 본성 혹은 후천적 영향**

동성애가 개인이 선택한 것인지 아닌지에 대한 문제는 조금 더 복잡하다. 동성애를 지지하는 사람은 대체적으로 동성애는 선천적으로 타고나는 것이라는 인식을 가지고 있다. 성적 취향이나 성 정체성은 스스로 선택할 수 없는 선천적 본성이므로 비난할 수 없다고 생각하는 것이다. 반면 동성애를 반대하는 사람은 동성애가 후천적으로 발생하는 것이라고 믿는다. 양육이나 사회적 환경에 의해 발생하는 질병으로 생각하는 것이다. 그렇기 때문에 치료를 통해 이성애자로 살아갈 수 있도록 도와야 한다고 주장한다.

　동성애의 원인을 탐구한 연구는 오랫동안 진행되었다. 1991년 심리학자 마이클 베일리Michael Bailey 와 정신의학자 리처드 필러드Richard Pillard 는 동성애 성향과 유전자의 관계성을 설득력 있게 보여주는 연구 결과를 발표했다. 두 명 중 한 명이 게이일 경우, 유전자의 대부분을 공유한 일란성 쌍둥이의 52퍼센트, 그리고 유전자의 일부를 공유한 이란성 쌍둥이의 22퍼센트가 게이라는 것이었다. 이로써 공통 유전자가 동성애 성향에 영향을 끼칠지도 모른다는 가능성이 제기되었다.[16] 같은 해에 영국 출신 신경과학자 사이먼 리베이Simon Levay는 동성애자 남성과 이성애자 남성의 뇌 구조에서 다른 부분을 밝혀냈다. 동성애자의 시상 하부 세 번째 간핵이 이성애자의 것보다 절반가량 작으며 여자의 것과 비슷하다는 내용이었다.[17]

1998년 텍사스 대학교The University of Texas 실험심리학 교수 데니스 맥퍼든Dennis McFadden은 이성애자 여성과 달리 동성애자 여성의 청각 중추가 남성의 청각 중추와 같은 수준이라는 사실을 밝혀내기도 했다. 다시 말해 동성애자 여성과 이성애자 여성의 청각 기능 발달에 상당한 차이가 있다는 것이다. 동성애자 여성의 청각 중추가 남성화했다는 것은 성의 선호를 지시하는 뇌의 특정 부위도 남성화했다는 것을 시사하며, 이로써 뇌의 특정 부위가 동성애 성향에 영향을 끼칠 수 있다고 추정했다.[18]

유전적 요인이 어느 정도 영향을 끼치기도 하지만, 오직 그 이유뿐만은 아니라는 의견도 있다. 동성애 성향을 보이는 동물도 많은데, 환경적 요인으로 인해 동성 간 교배가 이루어지기도 한다. 예를 들어 검은머리물떼새는 세력권 쟁탈로 스트레스가 심해지면 동성애 성향을 보인다.[19] 다만 환경적 요인이 동성애 성향에 얼마큼 영향력을 행사하는지에 대해서는 아직 답을 찾지 못한 상태이다. 생물학적 요인이 중요하지만, 사회 문화적 요인과 어떤 상호 작용을 일으키는지 확실하지 않기 때문에, 현재로서는 두 가지 요인이 복합적이라는 시각이 가장 일반적이다.

이 지점에서 의문이 하나 생긴다. 환경적 요인이 동성애 성향에 영향을 줄 가능성을 배제할 수 없는 상황에서 동성애를 허용한다면, 동성애가 만연하게 발생되지는 않을까? 동성애자의 존재가 청소년의 성 정체성에 후천적으로 영향을 미칠 수도 있을 테니 말이다. 이는 실제로 반동성애 집단의 가장 큰 걱정거리 중 하나다. 실제로 2012년 마포구는 지역 성 소수자 커뮤니티의 현수막 게시 신청을 불허했다. 현수막에는 "지금 이곳을 지나는 사람 열 명 중 한 명은 성 소수자입니다."와 "LGBT, 우리가 지금 여기 살고 있다."라는 문구가 적힐 예정이었는데, 이 문구에 근거가 없고 청소년에게 유해하다는 이유였다.[20]

최근 연구 결과들을 살펴보면 이 같은 걱정은 불필요해 보인다. 1990년대 중반 로잘린드 프랭클린 대학교Rosalind Franklin University 심리학과 교수 팀은 십 대를 대상으로 친구나 형제가 이성 또는 동성에 매력을 느꼈을 때, 그들의 성적 지향에 어떠한 영향을 미치는지 분석했다. 이성애의 경우 주변 사람으로부터 연애 감정이나 성적 행동에 모두 영향을 받았다. 십 대가 주변 사람의 영향을 많이 받는다는 통설이 사실로 확인된 것이다. 하지만 동성애의 경우 아무런 영향을 주지 않았다.[21] 2013년 포틀랜드 주립 대학교Portland State University 공공보건학과 교수 팀은 1989년부터 2009년까지 미국 50개 주에서 이루어진 결혼을 통계적으로 분석한 논문을 발표했다. 동성 결혼 합법화는 이성 결혼율에 장기적으로도, 단기적으로도 영향을 주지 않는다는 내용이었다. 더불어 동성애자 단체의 합법화 역시 거의 영향력을 미치지 않는다는 연구 결과도 있다.[22]

어쩌면 이 모든 도덕적 논쟁은 핵심에서 한참 벗어난 것일지도 모른다. 개인의 자율성과 인권이 존중받는 사회에서는 도덕성보다 더욱 중요한 가치가 있기 때문이다. 바로 공정성이다. 공정성을 우선의 가치로 두는 사회라면, 동성애자의 생활 방식에는 찬성하지 않더라도 동성애자를 향한 차별은 인정하지 않아야 한다. 동성애자의 인권이 보장되는 국가에서도 동성애의 도덕성에 대해 여론은 갈리지만, 동성애자에게 동등한 기회가 주어져야 한다는 데 동의하는 비율이 압도적으로 많다.

그렇다면 공정성에 유독 민감한 우리나라는 어떨까? 우리나라도 비슷한 추세를 따르고 있는 것으로 보인다. 2019년 한국 갤럽이 실시한 설문 조사에서 동성애를 사랑의 한 형태로 보는지 묻자, 53퍼센트는 그렇다고 응답했고 37퍼센트는 그렇지 않다고 응답했다. 2017년에 실시한 동일한 설문 조사와 크게 다르지 않은 결과였다. 하지만 동성애자도 일반인과 동일한 취업 기회를 가져야 한다고 생각하는지 묻자, 2001년에는 69퍼센트, 2014년에는 85퍼센트, 2017년에는 90퍼센트가 그렇다고 응답했다. 또 동성애를 이유로 해고하는 행위를 타당하지 않다고 여기는지 묻자, 2001년에는 64퍼센트, 2014년에는 79퍼센트, 2017년에는 81퍼센트가 그렇다고 응답했다.[23] 이는 동성애에 대한 개인적 호오나 이해 여부가 점차 기회의 균등이나 인권과 별개로 인식되고 있다는 사회적 변화를 보여준다.

젊은 층에서는 더욱 극적이고 흥미로운 변화가 일어나고 있다. 동성애를 선천적 본성으로 인한 것으로 생각하는지 묻자, 19~29세 응답자 중 25퍼센트가 그렇다고 응답했으며 47퍼센트가 양육이나 환경에 의해 후천적 영향을 받는 것이라고 응답했다. 한편 젊은 층의 77퍼센트가 동성애를 사랑의 한 형태로 인정한다고 응답했다. 이는 전 연령층 평균인 53퍼센트에 비해 무려 24퍼센트나 높은 수치다.[24] 앞서 말했듯 동성애를 지지하는 사람은 이를 선천적인 것으로 보는 성향이 있다. 하지만 젊은 층은 동성애가 후천적인 것이라는 입장을 보이면서도 더 관대한 반응을 드러낸다.

상충하는 것처럼 보이는 위의 결과들을 조합했을 때, 다음과 같은 결론을 도출할 수 있다. 젊은 층은 동성애를 부도덕하거나 부자연스러운 행위라고 보지 않는다. 그러므로 자신의 성적 지향이 선택할 수 있는 것인지 혹은 그 반대인지는 그리 중요하게 여기지 않는다. 타고난 것이든 혹은 나중에 동성애자가 된 것이든, 상관없다는 반응이다. 애초에 동성애를 잘못된 행위로 인식하지 않기 때문이다. 이러한 흐름에 비추었을 때, 어쩌면 동성애 문제가 변환점에 이른 것일지도 모른다. 동성애에 대한 관용은 분명하게 늘어나고 있다. 국가가 주도해 반동성애 폭력을 금지하는 것을 넘어, 시민이 주도해 반동성애 폭력을 막는 것으로까지 발전했다.

찰리의 죽음 이후 뱅고어시의 다리에도 변화가 생겼다. 노골적으로 혐오를 드러내고 있던 낙서가 "혐오가 평화로 바뀌고 무지가 이해로 바뀌는 그날까지, 우리가 세계를 바꾸어가게 하소서."라는 글귀로 바뀐 것이다.[25] 물론 이 같은 변화가 있기까지 수많은 사람의 희생과 국가적 차원의 노력이 있었다. 그렇다면 대한민국에서 성소수자 커뮤니티의 현수막이 길거리에 걸릴 수 있는 날은 언제쯤 오게 될까. 긍정적인 신호가 보이는 것은 분명하다. 하지만 안타깝게도 그 시기는 아직 확실하게 알 수 없는 상태이다.

─────── **차별의 과거, 현재, 그리고 미래**

이번 장에서는 성별, 인종, 그리고 성 정체성의 차이로 인해 촉발된 폭력의 역사를 조명했다. 1장부터 너무 어둡고 잔인한 내용을 다루는 것이 조금은 마음에 걸렸다. 하지만 차별에 대해 더욱 심도 있는 토론을 하기 위해서는 차별의 과거를 짚어볼 필요성이 있다고 생각했다. 여성을 소유물로 취급하며 성적으로 억압하고 착취한 역사, 이민자를 오염된 이방인으로 규정하고 멸시한 역사, 타 인종을 비인간화하고 표적화하여 말살시킨 역사, 동성애자를 공격하고 고문하고 살해한 역사 등 모든 폭력의 역사는 우리가 그것을 허용 가능한 일로 여겼기 때문에 벌어진 참극이었다.

우리는 과거의 잔학 행위가 낯설게 느껴지고 야만적으로 보일 것이다. 지금은 성별, 인종, 성 정체성의 차이로 인한 물리적 폭력을 더 이상 용인하지 않는 시대이기 때문이다. 여성에 대한 폭력과 성적 착취가 명백히 잘못된 행위라는 지적이나 여성이 남성의 소유물이 아니라는 사실은 이제 더 이상 논쟁거리도 아니다. 오히려 요즘 여성이 직면한 과제는 여전히 존재하는 성별 간의 임금 격차와 가사 분담과 같은 문제들이다. 한때 전 세계를 집어삼켰던 우생학과 인종 열등성은 완전히 도태되었으며 학계에서도 자취를 감추었다. 요즘은 이러한 주제로 토론을 벌이는 일 자체가 거북하게 느껴진다. 또한 우리는 국가가 주도적으로 동성애를 박해하던 시대를 지나, 성적 지향을 이유로 행해지는 폭력에 대한 처벌을 강화하는 증오 범죄법 제정과 동성애 금지법 철폐를 논의하는 시대를 살아가고 있다. 이는 분명 주목할 만한 성과다.

그럼에도 일련의 진보는 사회적 위계질서에서 종속된 위치에 놓인 집단의 권리를 비약적으로 확장시켰다. 과연 이 추세는 어디까지 이어질까? 실천윤리학자 피터 싱어 Peter Singer 의 말처럼 내면의 도덕성은 가족과 인류를 넘어 생명 자체까지 이르게 될까? 다음 세대가 동성혼을 합법화하지 않은 현세대를 마치 여성에게 투표권을 주지 않았던 지난 세대 바라보듯 기이하게 되돌아보는 날이 조만간 올까?

동시에 조금 섬뜩한 의심이 든다. 인간은 긴 역사 동안 수많은 분류 기준을 만들어왔고, 분류 기준을 근거로 한 차이를 이유로 폭력과 억압을 멈추지 않았다. 이 같은 흐름이 완전히 역전된다는 것이 과연 현실성이 있을까? 시대에 따라 폭력과 억압의 대상만 변화할 뿐, 내면 깊숙한 곳에 내재되어 있는 외집단을 범주화하고 일반화하고 더 나아가 비인간화하는 본성이 단기간에 교화되는 것은 불가능하지 않을까? 근본적으로 인간은 차이를 발견하고, 그 작은 차이로 차별하는 것에서 완전히 자유로워질 수 없는 것은 아닐까? 어쩌면 극적인 변화는 이미 이루어졌기 때문에 정말 뿌리 뽑기 어려운 지질하고도 근본적인 문제만 남은 것은 아닐까?

그렇다고 마냥 넋 놓고 있을 수만은 없다. 시간이 모든 것을 해결해 줄 것이라고 생각하며 손 놓고 있기에는 차별의 폐해가 너무 크다. 다행히 인간 본성에 대한 과학적 연구가 상당히 많이 진행되었다. 다음 장에서는 이 과학의 힘을 빌릴 것이다. 과학을 통해 범주화와 차별의 심리에 대해 더 자세히 살펴봄으로써, 사소한 차이가 어떻게 사람과 사람, 그리고 집단과 집단 사이에 적대감을 만들어내는지 확인해볼 것이다. 또한 내집단과 외집단을 구분하는 것이 거스를 수 없는 본능적인 반응인지 아닌지도 알아볼 것이다.

2

내 탓이냐,
뇌 탓이냐

인간은 때로는 자기 운명의 주인이 될 수도 있지. 친애하는 브루
투스여, 잘못은 우리의 별에 있는 것이 아니라 노예된 우리들 자
신에게 있는 것이라네.

윌리엄 셰익스피어, 《줄리어스 시저》 중에서

단거리 육상 경기는 찰나의 차이로 승부가 나는 스포츠다. 몇몇 선수가 거의 동시에 결승선을 통과하는 경우도 있다. 이때 단순히 육안으로는 누가 먼저 결승선을 통과했는지 구분하기 어려워, 사진 판독이 도입되었다. 사진 판독은 한 동작을 2,000개로 쪼개 0.0005초 단위로 구분한다. 이로써 결승선을 먼저 통과한 선수를 정확하게 파악할 수 있다.

출발선에서 정확하게 시작하는 것도 중요하다. 0.01초를 다투는 스포츠이므로 어떤 선수가 조금이라도 먼저 나가게 된다면, 경기 결과가 아예 바뀔 수도 있기 때문이다. 이를 방지하기 위해 스타트 블록에는 압력 센서가 부착되어 있다. 출발 신호가 떨어지고 0.1초 안에 일정 수준의 압력이 감지되면, 신호가 울리기 전에 출발한 것으로 간주해 부정 출발로 규정한다. 이것이 바로 '0.1초 룰'이다.

속도로 승부를 결정하는 스포츠라면 응당 출발 신호에 가장 빠르게 반응하는 능력도 중요할 텐데, 왜 하필 0.1초일까? 여기에는 과학적인 이유가 있다. 청신경은 소리를 감지하면 뇌로 전달하는데, 이 과정은 최소 0.08초가 소요된다. 청각 신호를 받은 뇌는 척수를 거쳐 근육으로 신호를 보내는데, 이 과정은 최소 0.02초가 소요된다. 결국 아무리 빠르게 출발 신호에 반응한다고 해도 인간의 신체 반응 속도는 0.1초보다 빠를 수 없다. 즉 0.1초 내에 움직이는 것은 출발 신호를 듣고 반응한 결과가 아니라, 신호를 미리 예상하고 있다가 신호가 울리기 전에 출발한 것이다.

0.1초 룰은 운동 신경이 특출난 육상 선수에게만 해당되는 것이 아니다. 대다수의 사람은 일상적으로 0.1초 룰의 지배를 받는다. 매일 점심 메뉴를 고르는 데 최소 십 분 이상씩 걸리거나 책상 앞에 앉아 업무를 시작하는 데 최소 이십 분씩 걸리는 것과 별개로, 우리 모두가 공통적으로 즉각적인 반응과 신속한 판단을 내리는 것이 있다. 바로 범주화다.

프린스턴 대학교Princeton University의 심리학자 알렉스 토도로프Alex Todorov는 사람은 0.1초 안에 한 사람을 특정 범주로 분류해, 해당 범주의 고정 관념과 연결시킨다는 사실을 발견했다.[1] 예를 들어, 키가 큰 흑인을 보면 남다른 운동 신경을 지니고 있을 것이라고 판단하고, 노숙자를 보면 게으른 성향을 지니고 있을 것이라고 판단하는 것이다. 범주화, 그리고 편견은 뇌 속에서 무의식적으로 일어난다. 그 과정을 추적하기도 어렵다. 행동경제학의 창시자 대니얼 카너먼Daniel Kahneman은 인상과 직관에 관련된 정신 활동은 머릿속에서 소리 없이, 그것도 단 0.1초 만에 일어난다고 주장했다. 이처럼 인간은 타인에 대해 충분히 알아보고 반응하는 것이 아니라 미리 생성되어 있는 사회적 고정 관념과 연결해, 타인을 판단하는 '예측 출발'을 범한다. 물론 육상 경기와 달리 아무도 이를 부정 출발로 간주하지 않는다. 그래서 세상에는 편견이 만연하다.

범주화는 특성을 공유하는 사물을 함께 묶는 작업이다. 당연한 소리지만, 범주화 자체는 잘못된 것이 아니다. 삶에 일관성을 부여하는 체계라는 점에서, 세상을 살아가는 데 있어 꼭 필요한 일이다. 게다가 새로운 대상을 마주했을 때 예측 가능한 패턴이나 데이터에 의지해 신속하고 효과적으로 판단을 내릴 수 있도록 도와준다. 심리학자 고든 올포트Gordon Allport는 다음과 같이 말했다. "인간 정신은 범주화의 도움을 받아 생각해야 한다. 평화로운 삶은 거기에 달려 있다."[2]

한라봉을 처음 보게 된 사람이 있다고 가정해 보자. 이름에서 알 수 있듯, 한라봉은 꼭지 모양이 한라산의 봉우리 모양과 닮았다. 이는 한라봉이 지닌 고유의 특성이다. 한편 한라봉은 감귤, 오렌지, 레몬, 라임, 자몽 등이 속한 시트러스 계열의 과일이 지닌 일반적인 특징 또한 대부분 가지고 있다. 올록볼록한 질감의 비교적 단단한 껍질부터 상큼한 향, 수분 함량이 높고 톡톡 터지는 알갱이로 구성된 과육까지. 한라봉을 처음 보는 사람도 쉽게 알 수 있는 이러한 일반적인 특징을 통해 한라봉이 시트러스 계열의 과일이며 다른 시트러스 계열의 과일과 비슷한 맛과 영양소를 가지고 있을 것이라고 유추할 수 있다.

물론 각각의 과일에 대한 호감도는 개인마다 다를 것이다. 시트러스 계열 과일 특유의 향을 싫어하는 사람도 있을 것이고, 감귤과 오렌지는 좋아하지만 레몬과 라임은 싫어하는 사람도 있을 것이며, 과육을 직접 먹기보다는 주스 형태로 섭취하는 것을 선호하는 사람도 있을 것이다. 어쨌거나 한라봉을 처음 접한 사람일지라도, 금세 시트러스 계열의 과일로 분류할 수 있기 때문에 한라봉에 대한 평가가 가능해진다.

과연 이 같은 현상을 성급한 일반화로 볼 수 있을까? 물론 아니다. 세상 모든 것이 새롭게 느껴지는 어린아이와 달리, 정보와 경험이 축적된 어른에게 범주화와 일반화는 꽤나 일상적인 일이다. 줄이 선명하거나 두드렸을 때 명쾌한 소리가 나는 수박을 고르거나, 선홍색 광택을 띠는 소고기를 고르는 것은 비합리적 편견의 소산이 아니다. 오히려 삶의 지혜나 노하우이다. 더군다나 이와 같은 범주화와 일반화는 꽤나 정확하게 들어맞는 편이다. 옛말에 어른들 말씀 틀린 거 하나 없다는 말이 괜히 나왔겠는가.

하지만 사람을 범주화하고 일반화하면, 이야기는 완전히 달라진다. 이에 대해서는 직관적으로 거부감을 느낀다. 활동적이고 애교가 많은 고양이를 '개냥이'라고 부르는 것은 괜찮지만, 적극적이고 자기주장이 강한 여성을 '남자답다'고 표현하는 것은 곤란하다. 한국 음식은 일반적으로 '맵다'고 말하는 것까지는 무방하지만 한국 사람은 '냄비 근성이 심하고 감정적'이라고 묘사하는 것은 왠지 조심스럽다. 일반화한 내용이 실제로 집단 내 평균과 일치하는지는 별

개의 문제다.

조금 냉소적인 면이 있거나 혹은 인간이라는 종에 대해서 비관적인 생각을 가진 사람이라면, 아마 이런 의문이 들지도 모른다. 아니, 인간이 뭐 그리 대단하다고 특별 대우를 해주는 것일까? 만약 범주화가 뇌가 수행하는 보편적이고도 실용적인 기능이라면, 왜 사람을 범주화해 구분하는 것만 이토록 금기시하는 것일까?

——— **외부자들**

첫 번째 이유는 꽤 단순하다. 사람을 범주화하는 것이 늘 정확하지 않기 때문이다. 범주화의 대상이 익숙하지 않거나 적대적인 집단, 즉 외부자인 경우는 특히 그러하다. 앞서 말했듯이, 사람은 한 사람을 특정 범주로 분류해 해당 범주의 고정 관념과 연결시킨다. 그중에서도 자신이 속해 있는 집단에 속하지 않은 외부자인 경우에 가장 신속하고 피상적인 평가가 이루어진다.

뇌에서 안면 인식을 담당하는 방추 이랑은 자신이 속한 사회나 집단에 포함된 사람의 세부적인 개성을 더 잘 받아들인다는 연구 결과도 있다. 실제로 같은 인종의 얼굴을 볼 때는 뇌의 신경 세포 활동이 활발해져, 왼쪽 눈이 오른쪽 눈보다 조금 더 크다거나 웃을 때 한쪽 볼에만 보조개가 생긴다는 것과 같은 세세한 특성을 포착할 수 있다. 반면 다른 인종의 얼굴을 볼 때는 뇌의 신경 세포 활동이 줄어들어, 고유한 특성을 알아채기가 어렵다.

흥미로운 점은 신경 세포 활동이 줄어드는 이유다. 새롭지 않은, 즉 이미 반복적으로 노출된 자극제를 볼 때 두뇌 활동은 둔해진다. 신경과학자들은 이 같은 현상을 '반복 억제'라고 명명했는데,[3] 반복 억제는 뇌가 효율성을 극대화하는 방식이다. 학기초에는 처음 보는 동기의 얼굴을 인식하기 위해 뇌를 적극적으로 활용해야 하지만, 학기말에는 이미 익숙해진 동기의 얼굴을 구분하기 위해 굳이 같은 노력을 들일 필요가 없어지는 것과 같은 이치다. 출퇴근길 풍경이 익숙해지면 주변을 더 이상 자세하게 인지하지 않는 현상도 마찬가지다.

놀라운 점은 우리의 뇌가 다른 인종을 볼 때—설사 처음 보는 사람이라고 해도—반복적으로 노출된 얼굴을 볼 때처럼 반복 억제에 들어간다는 것이다. 실제로 뇌는 다른 인종을 볼 때 개별적 특성을 가진 얼굴이 아닌 백인 얼굴, 다른 백인 얼굴, 또 다른 백인 얼굴, 혹은 흑인 얼굴, 다른 흑인 얼굴, 또 다른 흑인 얼굴과 같은 식으로 뭉뚱그려 범주화한다는 실험 결과가 있다.[4] 단지 자신과 다른 집단으로 분류된다는 이유로 개별적 특성을 주의 깊게 살피지 않는 다는 것이다.

자신과 다른 집단에 속한 사람의 개성을 과소평가하는 경향은 꼭 외모에만 국한되지 않는다. 이를 '외집단 동질성 편향'이라고 하는 데, 성격이나 행동을 포함한 거의 모든 특성에 적용된다. "남자는 다 똑같다." 혹은 "여자가 다 그렇지." 등과 같은 일반화도 외집단 동질성 편향의 일종이다. 이와 반대로 자신이 속한 집단의 다양성은 실제 평균보다 과대평가하는 경향이 있다. 이를 '내집단 분화 편향'이라고 한다. 내집단 분화 편향은 동질감을 느낄 이유가 많아질수록, 이를테면 가치관이나 정치적 성향이 비슷할수록 더욱 강화된다. 동질감을 느낄수록 신경 흥분이 내측 전전두피질의 아랫부분으로 이동하는데, 내측 전전두피질은 자신에 대해 생각할 때 활성화되는 부위다.[5]

쉽게 말해 사람은 본능적으로 자신의 편인지 아닌지부터 판단한 다음, 자신과 비슷한 사람만 주의 깊게 살펴본다. 반면 자신과 다른 사람과 집단은 쉽게 단순화한다. 이는 다른 집단에 속한 사람을 그 사람이 속한 집단의 고정 관념과 연결하지 않고 판단하는 것이 어렵다는 의미이기도 하다. 설사 그럴 의도가 전혀 없다고 하더라도 말이다. 흔히 내로남불이라고 하는, 그러니까 타인은 단순하게 나쁜 사람이고 자신은 복잡하게 좋은 사람이라고 생각하는 이유가 바로 여기에 있다. 물론 대다수의 사람은 그저 복잡하게 애매한 사람이다.

어떠한 범주도 개인을 완벽하게 대표할 수는 없다는 사실을 대다수의 사람들은 적어도 머리로는 알고 있다. 예를 들어 네덜란드 사람은 세계에서 평균 신장이 가장 크다. 하지만 그렇다고 우리는 모든 네덜란드 사람이 키가 크다고 생각하지 않는다. 개인은 언제나 집단에게 부여되는 고정 관념을 벗어나는 특성을 가지고 있기 때문이다. 이 특성이 바로 개인이 지닌 개성이다. 학습과 노력을 통해, 우리는 집단의 특성을 집단 내 모든 구성원이 공유하지 않는다는 사실을 그리 어렵지 않게 알 수 있다. 게다가 개인의 정보를 충분히 알고 나면, 그 개인을 판단하는 데 있어 고정 관념을 배제할 수 있게 된다. 문제는 학습과 노력이 필요하다는 점이다. 이 자체만으로도 외부자를 이해할 때 병목 현상이 생길 수 있다.

우리가 외부자를 고정 관념이 아닌 개인의 특성으로 판단하는 데 어려움을 겪는다는 사실이 시사하는 바는 무엇일까? 우선 외부자에게 공감을 느끼지 못할 가능성이 크다. 사람은 대개 하나의 개인으로 느껴지는 사람에게 더 쉽게 공감하게 된다. "한 명의 죽음은 비극이지만 백만 명의 죽음은 통계다."라는 스탈린Stalin의 말이나 "다수를 보면 행동하지 않고, 한 명만 본다면 행동한다."라는 테레사Teresa 수녀의 말은 이 같은 심리를 정확히 짚는다. 심리학에서는 이를 '식별 가능한 희생자 효과'라고 칭한다.

외부자에게 공감 능력이 떨어진다는 사실을 뒷받침하는 실험 결과도 있다. 이 실험의 참가자들은 여러 사람이 피하 주사를 맞는 장면이 담긴 영상을 시청했다. 그 결과 피하 주사를 맞는 사람이 참가자와 다른 인종인 경우, 땀을 덜 흘리고 뇌의 양쪽 전측 뇌섬엽 영역이 덜 활성화되었다.[6] 이는 공감 능력의 감소를 나타내는 신경 반응이다. 영화 〈반지의 제왕〉에서 인간이나 엘프가 죽거나 다치는 장면과 달리 오크나 고블린이 무참하게 살해당하는 장면은 그리 잔인하게 느껴지지 않는 것 역시 다른 존재에 대한 공감 능력이 떨어지기 때문이다.

설상가상으로 사람은 잘 알지 못하는 외집단에게 본능적으로 경계심을 느낀다. 경계심은 부정적인 고정 관념을 더욱 강화시킬 가능성이 높다. 외집단으로 분류된 사람의 존재가 불안과 공포를 관장하는 뇌 부위인 편도체를 흥분시킨다는 연구 결과도 있다.[7] 또 외부자로 여겨지는 사람을 보고 있을 때와 동물을 바라보고 있을 때 거의 흡사한 뇌 활동 반응을 보인다는 실험 결과도 있다.[8] 본능적인 경계심 때문에 외부자를 아예 인간의 범주에서 퇴출시킬 수도 있다는 의미이다. 이는 꼭 극단적인 인종 차별주의자나 외국인 혐오주의자에게만 일어나는 현상이 아니다. 평범한 사람 역시 무의식적 행동과 태도를 측정하는 방법인 암묵적 연합 검사를 해보면, 외부자에 대한 고정 관념이 폄하에서 비하, 그리고 단절까지 다양한 단계로 나타나는 것을 확인할 수 있다.

사회에 찌들고 사람에게 치일 대로 치인 성인에게만 일어나는 현상이라고 믿고 싶지만, 안타깝게도 이는 사실과 거리가 먼 믿음이다. 자신의 집단을 편애하는 성향은 아주 어린 나이부터 시작된다. 아이는 엄마 배 속에서는 양수, 그리고 출생한 후에는 모유를 통해 익숙해진 엄마가 속한 집단의 식습관과 입맛을 선호하게 된다.[9] 아이의 선호도는 생후 몇 개월 만에 자신의 부모와 같은 인종, 언어, 사투리를 쓰는 사람에게로 확장된다.[10] 세 살 때부터는 자신이 속한 사회와 집단을 자신의 정체성으로 받아들인다.

이는 시작에 불구하다. 아이는 자라면서 사람을 범주화하며 사회적 고정 관념과 연결하고, 점차 특정 집단에 대한 편견을 강화한다. 한 실험 결과에 따르면, 어린아이도 인종 프로파일링을 하는 것으로 밝혀졌다.[11] 실험에 참가한 아이들은 흑인이나 부정적인 단어를 보았을 때 한쪽에 있는 버튼을, 백인이나 긍정적인 단어를 보았을 때 다른 쪽에 있는 버튼을 누르라는 지시를 받았다. 곧이어 흑인과 긍정적인 단어를 보았을 때 한쪽에 있는 버튼을, 백인과 부정적인 단어를 보았을 때 다른 쪽에 있는 버튼을 누르라는 지시를 받았다. 버튼을 누르는 시간을 비교해 본 결과, 흑인과 부정적인 단어를 보았을 때 훨씬 더 빠른 반응 속도를 보인다는 사실이 발견되었다. 한편 흑인과 긍정적인 단어를 보았을 때는 뇌가 교착 상태에 빠진 것처럼 보였다. 흑인과 긍정적인 단어를 연결한 경우에 내재된 편견 때문에 혼란을 느낀 것이다.

어린 나이부터 편견을 가지는 데에는 진화론적인 이유가 있을 가능성이 높다. 다른 사람이나 집단이 자신에게 위협적인 존재인지 아닌지를 판단하는 일은 현대 사회에서도 여전히 중요한 작업이지만, 특히 외부자와 접촉하는 일이 드물고 외부자에 대한 정보를 축적하기에는 수명도 너무 짧았을 수렵 채집 사회에서는 이를 잘 판단하는 일이 생존과 직결되는 중요한 문제였을 것이다. 그러므로 즉각적으로 타인을 범주화하는 능력은 당시에 분명한 이점이 되었을 것이다. 외부자가 어떤 의도를 가지고 있는지 파악할 수 없는 데다, 종교를 비롯해 생활 양식, 도덕관념, 표현 방법 등 모든 것이 낯선 외부자의 정보를 일일이 알아가기보다 고정 관념에 의존해 득과 해를 예측하는 편이 훨씬 더 위험 부담이 적었을 테니 말이다.

아직까지 남아 있는 수렵 채집 부족 중 상당수는 여전히 자신을 사람으로 칭하는 반면 타 부족을 설치류나 곤충과 같은 열등한 존재로 칭하며 경계심을 노골적으로 나타낸다. 말레이시아 자하이족의 '멘라'부터 네팔 쿠순다족의 '미하크', 수단 딩카족의 '딩카', 딩카족의 숙적 누에르족의 '누에르'는 모두 자신의 부족을 칭하는 단어로, '진짜 사람'이라는 의미를 내포하고 있다. 현대 국가 중에서도 비슷한 예시가 있는데, 독일의 'Deutsch'나 네덜란드의 'Dutch'는 모두 '인간'이라는 어원을 가지고 있다.

이렇듯 사람은 본능적으로 내집단과 외집단을 구분한다. 또 내집단이 본질적으로 더 우월하다는 양 행동한다. 외집단에는 큰 관심을 두지 않을뿐더러 쉽게 단순화하고 비인간화한다. 특정 집단의 비인간화는 종종 치명적인 폭력으로 이어진다는 점에서, 이는 꽤나 섬뜩한 발견이다. 결국 사람을 범주화하는 것을 의식적으로 기피하는 이유는 범주화가 이러한 위험 요소를 동반하고 있기 때문이다.

영화 〈내부자들〉에는 "어차피 대중들은 개, 돼지입니다. 거 뭐 하러 개, 돼지들한테 신경을 쓰시고 그러십니까?"라는 대사가 나온다. 당시 실제 사회 지도층의 인식이 이 대사에 반영된 것 같다는 의견도 꽤 많았다. 내부자인 이강희가 외부자인 대중을 평하는 이 대사는 큰 화제를 일으키며, 우리 모두에게 씁쓸한 뒷맛을 남겼다. 하지만 타인을 인식하는 데 있어 우리 모두는 언제나 내부자가 될 수 있다. 이것이 내부자로서 행하고 있을지도 모르는, 수많은 외부자에 대한 피상적인 평가와 불합리한 편견을 끊임없이 점검해야 하는 이유다.

─────── **이 안에 배신자가 있다**

내집단과 외집단으로 범주화하는 성향의 폐해가 꼭 외국인이나 다른 인종에게만 국한되는 것은 아니다. 같은 사회의 구성원일지라도 그 사람이 집단의 평균과 일치하지 않으면, 즉 조금이라도 튀는 행동을 하거나 소위 '싸한' 느낌을 풍기면 즉각적으로 집단에서 배제하려고 한다. 이를 '내집단 과도 배제 효과'라고 하는데, 흔히 따돌림 등의 행위가 여기에 속한다.

같은 사회의 구성원 내에서도 배제와 차별이 일어나는 이유는 무엇일까? 여기에도 진화론적인 이유가 있을 가능성이 높다. 유발 하라리Yuval Harari의 《사피엔스》에는 '뒷담화 이론'이 소개되어 있다.

그 내용은 다음과 같다. 번식과 생존을 위해 인간은 서로 필수적으로 협력해야 했다. 육체적으로 다른 동물에 비해 한없이 약한 인간이 야생에서 살아남으려면, 집단을 구성해 협력하는 수밖에 없었기 때문이다. 이때 누가 거짓말을 잘하는 사람인지, 바람기가 있는 사람인지, 다소 폭력적인 성향을 지닌 사람인지 등과 같은 정보를 기반으로 집단 내에서 믿을 만한 사람을 구별했다. 이처럼 조직의 결속과 확장에 핵심적인 역할을 수행하는 정보를 효율적으로 공유할 수 있는 뒷담화를 하기 위해, 언어 체계가 발달했다는 주장이 뒷담화 이론이다.[12]

예를 들어, 새로운 학교에 전학 온 학생은 누가 '인싸'이고 누가 '아싸'인지 궁금할 것이다. 회사에 입사한 신입 사원은 누구의 라인을 타야할지 궁금할 것이다. 의사소통을 하는 데 있어 정보 공유가 얼마나 큰 비중을 차지하는지 생각했을 때, 뒷담화를 하기 위해 언어 체계가 발달했다는 주장은 꽤나 설득력 있다. 아직까지 하나의 이론일 뿐이므로, 그 진위 여부를 확신할 수는 없다. 다만 과거부터 지금까지, 신뢰할 만한 사람과 조직에 도움이 안 되거나 혹은 위협이 되는 사람을 구분하는 것이 집단을 지키는 데 꼭 필요한 정보라는 점은 확실해 보인다.

그렇다면 조직이나 집단 내부에서 가장 큰 위협이 되는 사람은 누구일까? 아마도 무임승차자일 것이다. 속된 말로 날로 먹으려고 하는 사람이다. 팀 프로젝트를 진행할 때 농땡이를 피우는 팀원을 만나본 경험이 있다면, 무임승차자가 조직 활동에 얼마나 큰 방해가 되는지에 대해 무릎을 탁 치며 공감할 것이다. 내부 고발자처럼 그저 조직의 논리에 순응하지 않거나 공동의 목표에 협조하지 않는 사람도 조직에서 배제당하기 쉬운 유형이다. 따지고 보면 다 옳은 말이지만, 조직의 분위기에 찬물을 끼얹는 말을 서슴없이 하는 사람도 마찬가지다. 뇌는 이러한 사람을 공동체에 방해가 될 수 있는 위험 요인으로 인식하기 때문에 불편함을 느낀다. 이들이 실제로 조직에 도움이 되는 사람인지 아닌지는 별개의 문제이다.

공동체에 속하게 되면 우리의 뇌는 위험 요인이 될 만한 사람을 끊임없이 색출하려고 한다. 개인의 돌발 행동으로 인해 집단이 위험에 빠지지 않도록 미리 검증하는 것이다. 집단 내 잠재적 위험 요인을 감지하는 행위를 '배신자 색출 모듈'이라고 한다. 극단적인 이름 때문에 오해하기 쉽지만, 진짜 배신을 하거나 배신을 할 만한 사람만 색출하는 것은 아니다. 집단의 규범에 순응하지 않거나 크게 도움이 되지 않는 사람 또한 색출 대상에 포함된다. 이 과정을 통해 걸러진 사람은 집단의 존속에 방해가 되는 존재로 규정된 것과 마찬가지기 때문에, 집단에 순응해야 한다는 압력이나 제재를 받기도 한다. 이를 '생크션'이라고 한다.[13]

생크션은 어느 집단에서나 쉽게 행해진다. 게다가 인간 사회에서만 발견되는 현상도 아니다. 개체를 알아보는 동물 사회에서도 비슷한 현상이 일어난다. 예를 들어, 코끼리는 보통 아픈 개체를 돌보는 특징을 가진 동물로 알려져 있지만, 절름발이나 건강이 안 좋은 개체를 학대하기도 한다. 침팬지도 마찬가지다.[14] 동물들 또한 집단 내에서 최소한의 일탈만 용인하는 것이다.

집단을 이루고 있는 대부분의 사회에서 생크션이 발견되는 이유는 무엇일까? 뇌 과학자 나카노 노부코Nobuko Nakano 는 이에 대해 한 가지 흥미로운 가설을 제시했다. 생크션을 통해 쾌감을 느끼기 때문이라는 것이다. 우리는 뇌에서 도파민이 방출될 때 쾌감을 느끼는데, 타인에게 압력이나 제재를 가할 때 역시 뇌에서 도파민이 방출되어 쾌감을 느낀다. 노부코는 이를 집단을 이루고 있는 사회에서 생활하는 데 생크션이 이점을 제공했기에 나타나는 현상으로 보았다.[15]

이기적 행동을 억제하고 이타적 행동을 유도하는 생크션은 집단의 존속과 발전을 위해 꼭 필요한 기능을 수행하기도 한다. 국내의 코로나바이러스 대처 방법이 좋은 예다. 초기 확진자들의 동선을 공개하기로 한 결정과 그들을 향한 비난은 인권 침해의 소지가 있었지만, 코로나바이러스의 추가 감염을 억제한 효과도 있었다.

다만 생크션이 불필요한 상황이나 혹은 잘못된 이유로 발동하는 경우에는 문제를 야기한다. 이를 과잉 제재 혹은 '오버 생크션over sanction '이라고 한다. 자신과 다르다고 인식되는 사람에게 불필요한 배제 감정이 고조되는 것으로, 외부자에 대한 불합리한 적대감도 과잉 제재의 일종이다.

과유불급이라는 말이 있듯이, 과잉 제재가 너무 심해지면 다양성을 용납하지 못하게 된다. 성별이나 피부색, 종교와 성 정체성의 차이뿐만 아니라 단지 옷차림, 외모 혹은 말투가 독특하다는 이유만으로 제재를 가하기도 한다. 사회적 기대에 제대로 부응하지 않는 내부 구성원은 외부자보다 더 가혹한 대우를 받기도 한다. 이들은 사회에 순응하라는 압력을 받거나, 비정상적이라고 낙인찍히거나, 차별을 당하거나, 심지어 생존권에 직접적인 위협을 받기도 한다.[16]

과잉 제재는 거의 모든 사회에서 발견되는 현상이지만, 그 정도에는 편차가 있다. 다양성을 수용하는 수준이 사회마다 다르기 때문이다. 어떤 사회는 개성과 다양성을 진취적이고 역동적인 사회의 필수 요소로 본다. 그렇기 때문에 다른 의견을 적극적으로 수용하고 유별난 행동을 권장하며, 비판적 사고와 반대의 의견을 북돋우기까지 한다. 대개 개인의 자유를 우선의 가치로 두는 사회가 이러한 경향을 보인다.

반면 질서와 안전을 우선시하는 사회는 다양성보다는 조화와 단결을 핵심 가치로 여긴다. 그렇기 때문에 눈에 띄는 행동이나 개성보다는 규범을 준수하고 사회에 순응하는 것을 더 중요하게 생각한다. 이처럼 규범의식이 높은 집단에는 확고한 규칙이 있고, 집단의 구성원은 그 규칙에 대체적으로 잘 따른다. 또 공동의 목표를 위해 개인이 쉽게 희생하고 공동의 성취와 개인의 성취를 동일시하는 경향이 있어, 단결이 잘되고 질서 있고 체계적으로 작동하는 사회처

럼 보이기도 한다. 심리학자 사와다 마사토Sawada Masato는 규범의
식이 높은 집단일수록 제재 행동이 일어나기 쉽다고 주장했다. 집
단과 공동체를 지나치게 강조하는 집단주의적 문화는 개성이나 다
양성을 배척하기 때문이다.[17]

제재 행동은 특성상 과열되기도 쉽다. 심지어 제재 행동을 가하
는 사람은 본인의 행동이 정당하다고 생각한다. 반사회적 의도가
없기 때문이다. 오히려 집단의 이익을 지키려는 향사회적 목적을
띠고 있다고 여긴다. 집단에 섞이지 못하고 조직력을 약화시키는
구성원에게 잘못이 있다고 판단하고, 제재 행동은 그 잘못에 대한
당연하고도 정당한 응징으로 본다. 그렇기 때문에 정의를 달성하려
는 욕구나 소속감을 충족시키려는 수단으로 제재 행동을 사용하기
도 한다. 마치 악플러가 적극적으로 공격할 표적을 찾고, 표적을 찾
고 나서는 정의의 사도가 된 양 집요하고도 당당하게 대상을 공격
하며 희열을 느끼는 것처럼 말이다.[18]

집단적인 행동을 할 때 도덕심과 윤리관은 흐려지기 마련이다.
매사추세츠 공과 대학교Massachusetts Institute of Technology 와 캘리포니
아 대학교 버클리 분교University of California, Berkeley, 카네기멜론 대학
교Carnegie Mellon University 등이 모인 합동 연구 팀은 인간이 개인으
로서 행동할 때보다 집단의 일원으로서 행동할 때 옳고 그름을 판
단하는 뇌, 즉 도덕심이나 윤리관에 관련된 내측전두전야 영역의
반응이 떨어진다는 사실을 알아냈다.[19] 이는 제재 행동이 너무 과열

되거나 잘못된 방향으로 가고 있더라도, 우리가 그것을 인지하지 못할 수 있다는 의미이다.

여기에 문제를 더 복잡하게 만드는 것이 또 있다. 과잉 제재는 완전히 작위적으로 만들어진 집단 간에도 발생된다는 사실이다. 미국의 초등학교 교사 제인 엘리엇Jane Elliott이 실시한 '파란 눈, 갈색 눈' 실험이 대표적인 예이다. 엘리엇은 이 실험에서 자신의 반 아이들을 파란 눈을 가진 집단과 갈색 눈을 가진 집단으로 나누었다. 그리고 두 집단을 번갈아 차별했다. 어느 날은 파란 눈의 집단은 착한 아이들이라며 이들에게만 놀이 시간을 허락하고, 다음 날은 반대로 갈색 눈의 집단은 착한 아이들이라며 이들에게만 공용 수도 사용을 허락했다.

실험을 진행한 목적이 정말로 차별하기 위해서는 아니었다. 눈의 색깔로 사람을 차별하는 것이 얼마나 바보 같은 짓인지 알려주려는 계획이었다. 부당한 대우를 받은 아이들이 자발적으로 반발하기를 기대했지만, 이는 다소 순진한 생각이었다. 실험을 시작한 지 얼마 되지 않아, 사이가 좋았던 아이들이 서로 다투는 일이 생겨난 것이다.[20] 이를 통해 아이들은 작위적인 구분과 근거 없는 차별을 쉽게 받아들일 뿐만 아니라 적극적으로 호응한다는 사실이 밝혀졌다.

차별 대우를 직접적으로 경험하지 않아도 결과는 비슷했다. 그 예로 사회심리학자 무자퍼 셰리프Muzafer Sherif가 9세부터 11세까지의 남자아이들을 대상으로 실시한 '로버스 동굴 공원' 실험이 있다.

셰리프는 먼저 아이들을 두 집단으로 나눈 다음, 다른 집단의 존재를 알려주지 않은 채 로버스 동굴의 각기 다른 캠프장으로 보냈다. 아이들은 일주일간의 집단 활동을 통해 결속력을 강화할 시간을 가졌다. 동료 의식이 충분히 형성된 이후에, 근처 캠프장에 다른 집단이 있다는 사실을 알렸고 두 집단을 만나게 해 줄다리기 시합을 시켰다. 그 결과 상대 집단을 향한 적대감이 크게 향상되었다. 시합 중에는 물론이고 시합이 끝난 후에도 거의 모든 아이들이 상대 집단에 속한 아이들보다는 자기가 속한 집단의 아이들과 친구가 되겠다고 답변했다. 적대 관계를 해소하기 위해 마련한 식사 자리나 활동은 이미 악화된 관계를 개선시키지 못했다.[21]

어쩌면 이 실험의 결과는 그리 놀라운 발견이 아닐지도 모른다. 아이들이 경쟁 관계에 놓여 있었기 때문이다. 솔직히 말해 경쟁 관계에 놓인 두 집단의 사이가 나빠질 것이라는 사실은 예상하기 어려운 일이 아니다. 하지만 경쟁 관계가 아니어도 결과는 비슷했다. 그저 다른 집단에 소속되는 것만으로도 적대적인 관계가 형성되는 것이다.

아이들을 그저 티셔츠의 색깔만으로 구분해, 두 개의 집단으로 나눈 실험에서도 내집단은 편애하고 외집단은 배제하는 현상이 나타났다. 이때 아이들은 자신과 같은 색깔의 티셔츠를 입은 내집단에 속한 아이들은 더 친절하다고 생각한 반면, 자신과 다른 색깔의 티셔츠를 입은 외집단에 속한 아이들은 물건을 더 잘 훔칠 것이라고 생각했다.

눈의 색깔이나 티셔츠의 색깔과 같이 눈에 보이는 차이가 아예 없는 실험 조건에서도 결과는 마찬가지였다. 경쟁 관계나 협력 관계에 놓여 있지 않고 심지어 차이점이 연상되지도 않는, 그저 무작위로 두 집단을 구분한 경우에도 아이들은 외집단에 속한 아이들이 반사회적인 행동을 더 많이 할 것이라고 생각했다.[22]

이러한 연구 결과가 사회에 시사하는 바를 한번 짚고 넘어갈 필요가 있다. 한국 사회는 규범의식이 높은 편이다. 그래서인지 "모난 돌이 정 맞는다.", "가만히 있으면 중간은 간다.", "둥글게 살자."라는 말을 빈번하게 들을 수 있다. 이는 그만큼 튀는 행동을 용납하지 못하는, 동조 압력이 강한 사회라는 뜻이기도 하다. 이런 문화 때문인지 한국 사회에서 다름과 다양성은 집단의 힘이 아닌 짐으로 인식된다. 심지어 조직의 부정부패를 폭로하는 내부 고발자를 배신자 취급하고, 조직에 밉보인 사람을 다수가 공격하는 데 있어서도 거리낌이 없다. 그렇기 때문에 집단의 기준과 맞지 않는 소수자가 목소리를 내는 일이 쉽지 않다. 이 같은 분위기에서는 차별과 폭력 또한 소수자의 문제로 인한 결과로 치부될 수밖에 없다.

더군다나 지독하리만큼 사람을 집단으로 구분하기 좋아하는 경향도 있다. 이미 반으로 쪼개진 땅덩어리에서 다시 지역을 구분해 편을 가르고, 그 지역은 또 동네로 구분해 편을 가른다. 심지어 같은 동네, 같은 아파트 주민끼리도 전세인지 자가인지를 따지며 서로의 위치를 구분하고 싶어 한다. 임대동과 분양동의 출입구를 따로 만드는 방식으로 아파트 단지를 설계해 서로 마주칠 일을 방지하는 경우나, 임대동 주민이 오갈 수 없도록 임대동과 분양동의 경계를 따라 외벽이나 철조망을 설치하는 경우도 있다. 이 기세라면 조만간 경비원이 ― 한반도 군사 분계선에 있는 군인처럼 ― 아파트 경계선을 따라 보초를 서야 할지도 모른다.

더 안타까운 것은 이 같은 현상이 아이들에게까지 관찰된다는 사실이다. 초등학생 사이에서는 '엘사'라는 별명이 마치 유행어처럼 쓰이고 있다. 디즈니 애니메이션 〈겨울왕국〉의 주인공을 지칭하는 것이라고 생각하기 쉽지만 이와 전혀 상관없는 의미로, 한국토지주택공사니에서 제공하는 시세보다 저렴한 임대 아파트에 거주하는 사람을 뜻한다. 비슷한 예로 한국토지주택공사의 브랜드인 휴먼시아와 거지를 합성한 단어인 '휴거지'를 비롯해 빌라와 거지를 합성한 '빌거지', 전세를 사는 거지를 뜻하는 '전거지', 월세를 사는 거지를 뜻하는 '월거지'라는 단어도 있다. 유명 일본 애니메이션의 제목이기도 한 '기생수'는 기초 생활 수급자를 의미하는 단어로 사용된다. 이렇듯 어린 나이부터 차별에 익숙해진 아이가 중학생, 아니 고등학생이 된다고 갑자기 사회를 바라보는 인식이 바뀌게 될까? 성인이 된다고 타인을 더 이상 무시하지 않을까?

앞서 살펴보았듯, 과잉 제재와 적대감은 완전히 작위적으로 만들어진 집단 간에도 형성된다. 작위적으로 만들어진 수많은 경계는 불필요한 긴장 관계를 조성할 수도 있다. 긴장 관계는 필연적으로 갈등을 유발할 수밖에 없으며, 갈등은 사회관계망을 좀먹으며 사회를 조금씩 분열시킬 것이다. 한국 사회에는 차별을 막을 마땅한 제동 장치도 없는 실정이다.

단결과 연대를 강조하는 문화 속에서는 집단의 논리에 순응하며 튀지 않는 것이 상책이라고 생각하기 십상이다. 소신 있게 목소리를 냈다가는 괜히 불똥이 튈 수도 있으니, 튀는 행동을 하는 사람을 차별하는 데 동참하는 것이 더 자연스럽고 안전하다고 생각할 수도 있다. 이러한 사회에서 구성원이 스스로 자정 능력을 발휘할 수 있을 것이라고 기대하기는 어렵다.

사람을 범주화하는 것이 위험한 두 번째 이유가 여기에 있다. 사람을 범주화할 경우, 과잉 제재를 유발하고 이는 다양한 문제를 야기하기 때문이다. 그러므로 사람을 범주화하고 차별하는 행위를 통제하지 않는 것은 순진한 일을 넘어선, 다소 무모한 일일지도 모른다. 이는 한국 사회 전체에 '파란 눈, 갈색 눈' 실험을 진행하는 것과 크게 다를 바가 없다. 부당한 차별 대우를 받은 아이들이 자발적으로 반발하기를 기대했지만, 그 실험은 완벽한 실패로 끝났다. 집단의 규모가 더 크다고 해서 다른 결과가 나오리라는 보장은 없다.

영화 〈철의 여인〉에는 다음과 같은 대사가 나온다. "생각을 조심해라, 말이 된다. 말을 조심해라, 행동이 된다. 행동을 조심해라, 습관이된다. 습관을 조심해라, 성격이 된다. 성격을 조심해라, 운명이 된다. 우리는 생각하는 대로 된다." 사회학자 로버트 머튼Robert K. Merton 은생각대로 되는 것을 '자기 충족적 예언'이라고 했다. 자기 충족적 예언은 어떠한 결과에 대한 기대나 예측이 현실에도 강력한 영향을주는 현상이다. 이는 편견에도 적용되는데, 어떠한 편견은 단지 예언에 맞춰 행동하는 경향 때문에 정확해지거나 더 강화되기도 한다. 이것이 사람을 범주화하는 것을 조심해야 하는 세 번째 이유다.

자기 충족적 예언은 인간의 상호 작용이 직간접적으로 결과에 개입할 수 있는 분야에만 적용되는 특이한 현상이다. 주식 시장이 좋은 예가 될 수 있다. 주식 시장은 한 투자자의 기대 심리가 또 다른투자자의 의사 결정에 영향을 미칠 수 있는 구조를 가지고 있다. 만약 워런 버핏Warren Buffett 이 무작위로 회사 한 곳을 지정한 다음 주식이 오를 것이라고 예언한다면, 실제로 해당 회사의 주가가 오를가능성이 높다. 워런 버핏의 말 한마디가 다른 투자자에 엄청난 영향을 끼치기 때문이다. 미국의 연방 준비 제도 의장 역시 말 한마디로 전 세계 주식 시장을 요동치게 만들 수 있다.

한편 인간의 상호 작용이 아무런 영향도 줄 수 없는 자연 현상에서는 이와 비슷한 일이 벌어지지 않는다. 일기 예보가 좋은 예가 될 수 있다. 기상청에서 아무리 내일 비가 온다고 발표하고 모두가 그 예보를 철석같이 믿는다고 해도, 그 예측이나 믿음 자체는 강수 확률이나 강우량에 전혀 영향을 주지 않는다. 마찬가지로 핼리 혜성의 접근 시기를 예측하는 것이 혜성의 궤도나 실제 접근 시기에 영향을 줄 확률도 거의 없다.

하지만 사람 간의 상호 작용이 가장 큰 영향력을 끼치는 것은 누가 뭐래도 인간관계다. 인간은 타인의 인정을 필요로 하는 존재이다. 예일 대학교Yale University 교수 스티븐 스미스Steven Smith는 인정받고 싶은 욕구는 그저 수많은 욕구 중 하나가 아니라 가장 핵심적인 욕구이며, 이는 정체성과 행복에 결정적인 역할을 한다고 주장했다. 《정의란 무엇인가》의 저자이자 하버드 대학교Harvard University 교수 마이클 샌델Michael Sandel 또한 "사회성의 가장 큰 가치는 그것이 우리의 정체성에 확정성과 의미를 부여하는 것이다."라고 말했다. 이러한 성향에 비추어 볼 때, 인간의 내면은 절대 외부의 평가로부터 자유로울 수 없으며, 타인의 평가와 기대치를 어느 정도 내면화하기 마련이다.

우리는 말 잘 듣고 공부 열심히 하는 학생이 되어야 한다거나, 여성이라면 혹은 남성이라면 응당 이렇게 행동해야 한다는 말을 끊임없이 들으면서 자라게 된다. 그렇게 자신에게 요구되는 역할과 사회의 기준을 알게 되고, 자신에게 강요되는 정체성을 일정 부분 받아들이게 된다. 이는 사회에서 자신의 자리를 찾고 싶은 본능적인 욕구와 맞물린다. 김춘수 시인의 시 〈꽃〉에서 나오듯, 우리는 모두 서로에게 무언가가 되고 싶은 욕구를 가지고 있다. 때로는 누군가가 불러주는 이름에 자신을 맞추기도 한다. 그것이 꽃이든, 잊히지 않는 하나의 눈짓이든.

하버드 대학교 사회심리학과 교수 로버트 로젠탈Robert Rosenthal 은 초등학교 교장을 지낸 레노어 제이콥슨Lenore Jacobson 과 한 가지 실험을 진행했다. 외부의 평가와 기대치가 실제 삶에 어느 정도 영향을 끼치는지 알아보는 것이 실험의 목적이었다.

먼저 샌프란시스코의 한 초등학교에 재학 중인 전교생을 대상으로 지능 검사를 실시한 후, 검사 결과와 상관없이 무작위로 학생들을 선발했다. 그다음 교사들에게 이 학생들이 비범한 잠재력을 가지고 있으며 학업 성취도가 높아질 가능성이 크다는 거짓 정보를 전달했다. 그로부터 8개월 후, 다시 전교생을 대상으로 이전에 실시한 것과 동일한 지능 검사를 실시했다. 그러자 무작위로 선발된 학생들의 평균 점수가 선발되지 않은 학생들의 평균 점수보다 높게 나왔다. 심지어 학교 성적도 크게 향상되었다. 두 집단 간의 차이는 단 한 가지, 즉 거짓 정보로 인해 형성된 교사들의 높아진 기대치밖에 없었다. 교사들은 거짓 정보를 기반으로 무의식적으로 학생들을 다르게 대했으며, 이러한 차이가 학생들의 학업 성적에 영향을 미친 것이다.

이 실험은 초등학교뿐만 아니라 대학교, 사관 학교 등 다양한 학급을 대상으로 꾸준히 진행되었는데, 모두 비슷한 결과가 나왔다. 심지어 유치원 교사들의 기대치가 훗날 아이들의 고등학교 학업 성적과 연결된다는 결과도 있었다. 다만 한 가지 예외는 있었다. 교사들이 학업 성취도에 긍정적인 영향을 주기 위해서 의도적으로 격려한 경우에는 학생들의 학업 성적에 별다른 영향을 주지 못했다. 자기 충족적 예언의 효과는 오직 무의식적인 기대와 행동을 통해서만 발현되었다.[23]

자기 충족적 예언의 효과는 긍정적으로만 나타나지 않는다. 오히려 부정적으로 작용하는 경우가 더 잦다. 예를 들어, 부정적인 고정관념은 그 고정 관념의 대상이 된 개인의 업무 수행 능력을 떨어뜨린다. 이러한 현상을 '고정 관념 위협'이라고 한다.[24] 그 폐해가 너무 커서인지, 고정 관념 위협은 사회심리학 분야에서 가장 활발하게 연구되는 주제 중 하나다. 이와 관련된 연구가 무려 300건이 넘는데, 이를 통해 노인, 여성, 장애인, 흑인, 성 소수자, 저소득층 학생 등 부정적인 고정 관념의 대상이 되는 집단에게 부정적인 고정 관념을 상기시켰을 때 학업 성적이나 업무 수행 능력이 떨어진다는 사실이 밝혀졌다.

이 같은 결과를 설명하기 위한 여러 가지 이론이 있는데, 그중 가장 설득력 있는 것은 부정적인 고정 관념이 작업 기억에 부담을 준다는 주장이다.[25] 쉽게 말해 작업 기억은 뇌의 램RAM과 같은 것으로,

경험한 것을 뇌에 받아들이고 저장하고 인출하는 과정을 뜻한다.

인터넷 창을 너무 많이 열고 있거나 여러 가지 프로그램을 한꺼번에 작동시킬 때 컴퓨터의 로딩 속도는 느려진다. 심할 때는 컴퓨터가 순간적으로 멈추면서 먹통이 되는 경우도 있다. 컴퓨터가 과부하에 걸렸기 때문에 벌어지는 일이다. 뇌도 마찬가지다. 뇌 역시 정보를 처리하거나 특정 업무를 실행하는 데 필요한 용량이 있다. 그 용량을 초과하게 되면 업무 수행 능력이 떨어지기 마련이다. 텔레비전을 켠 채 책을 읽을 때 그 어느 것 하나에 집중하기가 힘들고, 컴퓨터 게임을 하면서 동시에 연인과 대화를 이어나가는 데 어려움을 느끼는 것처럼 말이다.

고정 관념 위협이 작업 기억에 부담을 주는 방식은 두 가지이다. 첫 번째, 부정적인 고정 관념은 존재만으로 그 대상이 되는 사람에게 부정적인 생각과 감정을 유발한다. 부정적인 생각과 감정은 집중력을 저해함으로써, 어려운 업무를 처리하는 데 있어 필요한 작업 기억을 감소시키게 된다. 두 번째, 부정적인 고정 관념의 대상은 그 고정 관념이 틀렸다는 것을 증명하는 데 과도한 의욕을 보이게 됨으로써, 업무 수행 능력을 떨어뜨린다. 의욕만 앞선 신입 사원이 오히려 실수를 연발하는 상황을 상상하면 이해가 쉬울 것이다.

이러한 연구 결과들을 간단하게 종합해 보면, 부정적인 고정 관념의 루틴을 파악할 수 있다. 특정 집단에 대한 부정적인 고정 관념은 그것을 극복해야 한다는 부담감으로 이어지고, 그 부담감은 부정적인 고정 관념의 대상이 되는 집단의 업무 수행 능력을 떨어뜨리게 되며, 결국 그 집단에 대한 부정적인 고정 관념을 증명하는 결과가 실현된다. 한마디로 악순환에 빠지게 되는데, 이는 자연적으로 해결되지 않는다. 인류의 역사에서 불평등과 편견이 계속해서 더 공고해지거나 악화된 것처럼 수백, 수천 년 동안 이 악순환이 지속될 수도 있다. 교육 수준이 낮은 사람들은 사회에 미칠 수 있는 영향력이 더욱 축소되고, 가난한 신용 불량자들은 빈곤의 늪에 점차 빠지며, 차별과 폭력의 희생자들은 또 다른 차별과 폭력의 희생자가 되는 것이다.

심리학자 버지니아 밸리언 Virginia Valian 이나 경제학자 글렌 루리 Glenn Loury, 철학자 제임스 플린 James Flynn 과 같은 학자들은 이러한 악순환의 뿌리부터 뽑아야 한다고 주장했다. 물론 타고난 재능의 차이로 인해 생긴 고정 관념에 대한 가능성을 반문할 수도 있다. 결론부터 말하자면 그럴 수도, 혹은 아닐 수도 있다. 사실 이 문제에 대해서는 전문가들 또한 확실하게 답을 내리지 못하고 있다. 마치 '닭이 먼저냐, 달걀이 먼저냐'와 같은 문제인 것이다. 또한 부정적인 고정 관념이 특정 집단의 업무 수행 능력을 떨어뜨리는 것이 사실이라도 해도, 이 결과가 집단 간의 차이가 아예 존재하지 않는다는 결론으로 이어지는 것은 아니라고 주장할 수도 있다.

미국에는 흑인은 운동을 잘하고 동양인은 수학을 잘한다는 고정 관념이 있다. 여성이 수학이나 과학과 같은 이공계 분야에 상대적으로 약하다는 고정 관념도 있다. 이는 흑인 학생이 수학에 흥미를 느끼거나, 동양인 학생이 운동에 매진하거나, 여성이 과학이나 공학, 기술 개발 분야에 진출할 때 방해물이 될지도 모른다. 하지만 이 문제가 흑인과 동양인 사이에 평균적인 운동 능력의 차이가 전혀 없다는 사실을 의미하는 것은 아니다. 남성과 여성의 수학적 혹은 과학적 능력에 그 어떤 차이도 없다는 사실을 의미하는 것도 아니다. 다시 말해, 부정적인 고정 관념이 집단 구성원의 능력을 감소시킨다는 주장은 맞을지언정, 이 주장이 집단 간의 차이가 존재하지 않는다는 주장으로 이어질 수는 없다.

하지만 개인이나 집단의 평균적인 차이의 문제를 떠나 부정적인 고정 관념이 그 자체만으로 업무 수행 능력을 감소시킬 수 있다면, 불리한 사회적 위계질서에 위치한 사람들이 부정적인 고정 관념으로 인해 더 큰 피해자들이 되었을 가능성은 존재한다. 이 가능성 하나만으로도 사람을 범주화하고 일반화하는 본능을 통제할 동기는 충분하다.

본인이 통제할 수 없는 인종, 성별, 성 정체성, 장애와 같은 특성 때문에 불이익을 받는 것은 공정한 경쟁과 평등한 권리를 지향하는 정의관과 정면으로 상충한다. 개인의 차이와는 별개로 모두가 공통적으로 공유하고 있는 특성이 있다. 이를테면 어느 누구도 굴욕적인 감정을 느끼는 것을 좋아하지 않고, 불공정한 대우를 받는 것을 즐기지 않으며, 불합리한 편견의 대상이 되는 것을 원치 않는다. 이는 그저 인간이라면 누구나 갖고 있는 보편적 특성이다.

───── 뇌 탓과 내 탓 사이

이번 장에서는 범주화와 일반화는 뇌에 설정되어 있는 '기본값'과 같다는 사실을 살펴보았다. 이에 따르면 우리는 기본적으로 외집단을 경계하고, 집단 내 일탈을 통제하며, 부정적인 고정 관념의 노예가 되기 쉬운 경향을 가지고 있다. 그러므로 이 세상에 존재하는 온갖 편견과 차별에 대한 책임의 일부분은 뇌에 있다고 볼 수 있다. 그렇다고 해서 개인의 책임이 전혀 없는 것은 아니다. 본능만 나부끼는 곳은 야생이지 문명사회가 아니다. 결국 사회 구성원들은 본능을 억제하며 함께 살아가야 한다. 손톱 자라듯 조금씩 그 크기를 키워온 소중한 권리는 강력한 인간 본성을 거슬러 쟁취한 것이다.

뇌가 일상적으로 수행하는 범주화를 경계해야 하는 세 가지 이유도 함께 살펴보았다. 다시 요약해 보자면, 첫 번째는 자신과 다르거나 적대적인 관계에 있는 외부자를 범주화하는 데 있어 부정확한 판단을 내릴 확률이 높기 때문이다. 두 번째는 범주화가 과잉 제재를 유발해, 다양성을 억제하고 사회를 적대적인 분파로 조금씩 분열시킬 수 있기 때문이다. 세 번째는 한번 형성된 부정적인 고정 관념은 자기 충족적 예언의 효과를 통해 편견과 차별을 정당화시키거나 고착화시킬 수 있기 때문이다.

　다음 장에서는 편견과 차별을 발생시키는 근본적인 이유, 즉 차이에 대해서 본격적으로 파고들 것이다. 이로써 개인이나 집단의 차이를 인정하면서도, 모두가 평등한 사회를 추구하는 것이 가능한지 알아볼 것이다.

3

차별과 평등 사이

서기 2081년, 만인은 마침내 평등해졌다. 신이나 법 앞에서만 평등해진 것이 아니다. 사실상 모든 면에서 완벽한 평등을 누리게 되었다. 다른 사람들보다 더 똑똑한 사람도 없었다. 다른 사람들보다 더 잘생긴 사람도 없었다. 그 누구도 다른 이들보다 더 힘이 세거나 더 민첩하지 않았다. 이러한 평등은 미합중국 수정 헌법 제211조, 제212조 및 제213조에 의거하여 실현된 것으로서, 미합중국 평등 유지 관리국 요원들의 끊임없는 감시 활동으로 지탱되고 있었다.

커트 보네거트 Kurt Vonnegut, **<해리슨 버거론> 중에서**

요즘 아이들에게 꿈이 뭐냐고 물으면, '유튜버'나 '건물주'라는 대답이 가장 흔하게 되돌아온다. 운동선수나 연예인과 같은 예체능 직종, 그리고 법조인이나 의사와 같은 전문직도 여전히 공고한 위치를 차지하고 있다. 모두 좋은 꿈이지만 다분히 현실적인 꿈이기도 하다. 물론 백만 구독자를 보유한 스타 유튜버가 되는 것이 쉽다는 말이나, 강남의 건물주가 될 가능성이 높다는 의미는 아니다. 하지만 아이들의 꿈이 높은 경제적 지위와 동일시되는 사회적 현상만큼은 지극히 현실적이라는 생각이 든다.

　한때는 조금 더 거창하고, 그래서 조금은 무모해 보이고, 어쩌면 비현실적으로 들리는 꿈이 유행한 시절도 있었다. 세계 평화나 기후 문제 해결, 빈곤 퇴치나 통일과 같은 대답이 뻥튀기처럼 팡팡 튀어나오는 시절 말이다. 물론 그 시절 그 사람들이 꿈꾸던 세상은 도래하지 않았다. 전쟁이나 빈곤이 사라지지 않았고, 기후 문제는 더 악화되었다. 그래서인지 세상이 더 좋아질 것이라고 예측하는 사람이 점점 줄어들고 있다. 낙관의 시대가 종말된 것일까. 요즘은 오히려 세계 평화나 불평등 해소를 현실성 없이 거창하기만 한, 마치 한껏 부풀려진 뻥튀기처럼 허황된 꿈이라고 생각할지도 모른다. 아님 말 그대로 그냥 '뻥'이거나.

　뜬금없이 꿈, 그것도 원대하고 거창한 꿈에 대한 이야기를 꺼낸 이유는 이번 장에서 다룰 주제가 한 남자의 원대한 꿈과 밀접한 관련이 있기 때문이다. 그 주인공은 바로 마틴 루서 킹Martin Luther King

Jr. 목사다. 아마도 세계 역사상 가장 잘 알려진 꿈일 텐데, 바로 '평등'이다. 그는 모든 인간이 평등하게 태어났다는 자명한 진리를 받아들이고, 그것을 신조로 삼아 살아가게 되는 날이 오길 바랐다. 그래서 아이들이 겉모습이 아닌 인격에 따라 평가받는 나라에서 살게 되는 날이 오길 원했다. 물론 원대한 꿈이 대개 그렇듯이, 그의 꿈역시 아직 이루어지지 않았다.

──────── **평등이란 무엇인가**

차이와 차별을 논할 때, 평등은 꼭 짚고 넘어가야 하는 개념이다. 차별을 금지하는 것은 헌법에 보장된 평등권을 보장하는 것과 직결되기 때문이다. 대한민국 헌법 제11조 제1항은 평등을 다음과 같이 보장한다. "모든 국민은 법 앞에서 평등하다. 누구든지 성별·종교 또는 사회적 신분에 의하여 정치적·경제적·사회적·문화적 생활의 모든 영역에 있어서 차별을 받지 아니한다." 국가인권위원회는 한때 차별금지법을 '평등법'으로 명명해 입법을 추진하는 방안을 고려하기도 했다. 실제로 현재 두 개의 차별금지법안이 '평등법'이라는 이름으로 발의되어 있는 상태다.

굳이 대한민국 헌법까지 거론하지 않더라도, 평등이 우리가 추구해야 할 보편적 가치 중 하나라는 점에 동의할 것이다. 실제로 평등은 전 세계적 합의가 이루어진 핵심 가치이다. 서양의 근대를 연 프랑스 대혁명의 구호도 '자유, 평등, 박애'였으며, 미국 독립 선언서에서도 "모든 인간은 평등하게 창조되었다는 사실을 자명한 진리로 받아들인다."라고 밝혔다. 토마스 홉스Thomas Hobbes 와 존 로크John Locke 의 사회 계약 이론과 장 자크 루소Jean Jacques Rousseau 의 인민 주권론 또한 인간은 권리에 있어서 평등하게 태어났다는 점에 초점을 두고 있다. 임마누엘 칸트Immanuel Kant 는 인간을 수단이 아니라 목적으로 대해야 한다며, 인간은 개개인의 존엄성 측면에서 모두 동일하다는 의견을 피력했다. 공리주의자 제러미 벤담 Jeremy Bentham은 개인은 어느 누구도 하나 이상으로 계산되어서는 안 된다는 평등주의 원칙을 주장했다.

양극화가 심각해지고 있는 요즘, 평등은 단순히 추상적인 개념이 아니라 반드시 해결해야 할 엄중한 시대적 과제가 되었다. 중요한 것 이상으로 복잡한 문제이기도 하다. 복잡한 문제에는 단순한 해법이 필요하다는 말도 있지만, 이는 적어도 평등 문제에 있어서는 통용되지 않는다. 평등을 이루기 위한 단순한 해법은 없다.

우선 '어떤 평등을 추구해야 하는가?'라는 질문부터 해결해야 한다. 평등한 신분과 공평한 재화 분배가 이루어져, 사람이 천지 만물과 융합하는 대동 사회가 평등한 사회라고 상상할지도 모르겠다. 하지만 이는 사실상 판타지일 뿐이다. 완벽한 평등은 현실에서 실현하기 대단히 어려운 이상이다. 아니, 솔직히 말해서 불가능에 가깝다고 보는 것이 더 정확하다. 역사학자 데이비드 랜즈David Landes는 세상은 평평한 운동장이었던 적이 단 한 번도 없었으며, 세상이 공평한 경쟁의 장이 되리라는 생각은 논리와 사실을 모두 부정하는 것과 같다고도 말했다.[1] 실제로 인류 역사를 살펴보면 평등보다는 불평등의 흔적이 더 많다. 지배층과 피지배층으로 나누는 사회 제도인 봉건제와 신분제, 그리고 노예 제도는 불평등의 토양에서 오랜 시간 굳건히 유지될 수 있었다. 신분제는 없어졌지만 '금수저'나 '흙수저', '유전무죄'라는 말이 만연한 오늘날의 사회를 완전히 평등한 사회라고 생각하는 사람은 없을 것이다.

평등한 사회를 건설하는 것이 얼마나 어려운 일인지는 라이베리아의 사례에서도 알 수 있다. 1820년 아프리카의 기니만 서단에 세워져 1847년에 독립한 라이베리아의 국가명에는 '자유의 나라'라는 뜻이 담겨 있다. 라이베리아 건국의 중심 세력이 바로 미국의 해방 노예들이었기 때문이다. 미국에서 억압과 착취, 차별을 경험한 노예들이 자유와 평등을 찾기 위해 건국했다는 한 편의 영화 같은 서사를 가지고 있어서인지, 라이베리아는 독립 초기부터 큰 주목을 받았다. 해방 노예들이 ─자신들이 겪었던─ 차별을 철폐하고 자유와 평등이 공존하는 사회를 이룩할 수 있을 것이라고 기대했다.

장밋빛 전망은 그리 오래가지 않았다. 미국에서 교육받은 미국계 라이베리아인들이 해안 지역의 정치적·경제적 우위를 확고히 선점하며 기득권을 형성했는데, 이들은 얼마 안 가 토착 원주민들을 향한 차별 정책을 펼쳤다. 원주민들이 야만적이고 문명화되지 않았다는 것이 그 이유였다. 미국에서 백인들에게 받은 차별을 그대로 토착 원주민들에게 되돌려 준 셈이다.

이외에도 착취와 차별을 경험한 집단이 지배층이 되었을 때 오히려 자유와 평등을 억압한 사례는 무수히 많다. 프랑스 혁명이 가장 좋은 예다. 당시 혁명의 주체들은 낡아빠진 기존의 체제를 전복하고 자유와 평등, 박애의 이상이 실현되는 새로운 사회를 건설하고자 했다. 영국의 낭만주의 시인 윌리엄 워즈워스William Wordsworth는 "인간 본성이 다시 태어나는 것 같다."라는, 그야말로 낭만 넘치는 표현까지 써가며 프랑스 혁명을 평했다. 물론 인간 본성이 쉽게 다시 태어날 리 없었다. 프랑스 혁명은 얼마 못 가 단두대와 집단적 폭력으로 얼룩진 피의 보복의 역사가 되었다.

미국의 건국도 마찬가지다. 종교적 박해와 차별을 피해 아메리카 땅으로 이주한 미국인들은 독립 선언서를 작성하며, '전 세계에서 가장 위대한 민주주의 실험'을 시작했다. 하지만 이내 노예 제도와 여성의 시민권 박탈 등 수많은 불평등을 제도화했다.

불평등한 사회 계급을 전복시키고 유토피아적 평등 사회를 꿈꾸던 마르크스주의는 또 어떠한가. 마르크스는 공산주의 사회를 다음과 같이 정의했다. "인간과 자연, 인간과 인간의 대립이 완전히 해소된다. 그것은 존재와 본질, 객관화와 자아 확인, 자유와 필연, 개인과 인류의 갈등이 진정으로 해소되는 것이다. 그것은 역사의 수수

께끼가 풀리는 것이다."[2] 하지만 이 역시 실패로 끝났다. 마르크스주의를 채택한 국가들은 전체주의에 빠지거나 붕괴했는데, 진화생물학자 에드워드 윌슨Edward Wilson은 이를 두고 "이론은 훌륭한데 종이 틀렸다."라고 평가하기도 했다.

이 모든 것을 종합해 본다면, 모든 인간은—그것이 능력이든 노력이든, 타고난 운이든—실질적으로 평등하지 않고, 게다가 평등을 그다지 바라지도 않는다. 사회에는 평등해지려는 욕구와 불평등해지려는 욕구가 공존한다. 심리학에서는 '최적 차별성'이라는 개념이 있는데, 이에 따르면 인간은 어딘가에 소속되어 있다는 느낌과 자신이 고유한 존재라는 느낌 사이에서 균형을 이룰 때 가장 자존감이 높아진다.[3] 즉, 소속감을 느낄 정도로 다른 사람과 비슷하길 바라면서도 충분히 차별화될 정도로 다르길 바란다는 것이다. 인정받고 싶은 마음, 그리고 남들보다 우월하게 보이고 싶은 마음은 모두 자신이 고유하고 특별한 존재라는 사실을 확인받고자 하는 욕구에서 출발한다. 만약 모두가 똑같고 평등한 대우를 받아야 한다면, 인간이 행하는 것 대부분은 그 의미를 잃을지도 모른다.

인간 사이에 존재하는 모든 실질적 차이를 제거해 절대적 평등을 달성하고자 하는 목표는 그리 현실적이지 않다. 뿐만 아니라 몇몇 주장은 폭력적으로 느껴진다. 모차르트Mozart나 레오나르도 다빈치Leonardo da Vinci, 윌리엄 셰익스피어 등 특출난 능력과 성과를 낸 예술가는 비범한 인간과 그렇지 못한 인간 사이의 간극을 명확하게 제시한다. 이러한 천재성은 수많은 살리에리Salieri에게 상대적 박탈감을 느끼게 하기도 한다. 이러한 이유로 평등 이상주의자들은 평등을 위해 예술 또한 희생시켜야 한다고 주장했다. 유명한 예술가가 보여주는 번뜩이는 독창성과 천재성이 자신들이 주장하는 참다운 평등을 저해한다고 판단했기 때문이다.[4] 그렇다고 해서, 이들의 주장대로 모든 예술가의 실력이 하향 평준화할 수는 없다.

미국 남자 프로 골프 투어의 경우, 대다수의 골퍼가 평생 동안 단한 번의 우승도 하지 못한 반면, 아놀드 파머Arnold Palmer, 잭 니클라우스Jack Nicklaus, 타이거 우즈Tiger Woods가 우승을 차지한 횟수는 무려 200회가 넘는다. 그렇다고 해서, "거 그렇게 해 먹었으면, 이제좀 적당히 하지?"라고 말할 수는 없는 노릇이다.

프리드리히 니체Friedrich Nietzsche는 "평등이라는 개념어를 즐겨사용하는 사람은 두 가지 욕망 중 어느 한쪽을 숨기고 있다. 하나는다른 사람들을 자신의 수준으로 끌어내리려는 욕망이다. 다른 하나는 자신과 다른 사람들을 더 높은 차원으로 끌어올리려는 욕망이다. 따라서 부르짖는 평등이 어느 쪽인지 명확하게 파악하는 것이중요하다."라고 말한 바 있다.[5] 독창성과 재능을 희생시키면서까지절대적 평등을 추구해야 한다는 극단적 주장은 분명 후자의 경우는아니다.

절대적 평등이 내포하고 있는 문제점을 해결하기 위해 전면에 등장한 것이 기회의 평등이다. 사회적 차원에서 논의되는 평등은 기회의 평등에 한정된 경우가 대부분이다. 현대 민주주의 사회와 시장 경제가 추구하는 평등의 방향이기 때문이다.

기회의 평등이 평등의 기본 원칙으로 부각되는 데에는 크게 두 가지 이유가 있다. 첫 번째, 결과의 평등이 아닌 공정한 경쟁을 위해 필요한 최소한의 평등, 즉 평등한 기회를 보장하고자 함이다. 개인의 노력이나 능력으로 발생하는 차이까지 무시하는 맹목적인 평등을 추구하는 것은 현실적이지도 않는 데다 반감만 불러일으키므로, 기회의 평등을 추구하는 것이다.

두 번째, 능력과 의지가 있는 사람이라면 누구나 부와 성공을 거머쥘 수 있도록 하고자 함이다. 만약 기회의 평등이 보장된다면, 출신이나 배경과 무관하게 사회적 상승이 가능할 것이다. 이는 사회를 보다 공정하게 만들고 성공을 향한 개인의 열망을 고취시킬 뿐만 아니라, 사회의 생산성을 높이는 결과로 이어질 수도 있다.

사회가 제공하는 사회적 약자 우대 정책은 대부분 균등한 기회의 분배를 지향한다. 부자에게 더 많은 세금을 걷는 누진세, 대학의 장학금 제도와 기회 균등 전형 등이 대표적이다. 물론 이 역시 역차별이며 또 다른 불평등이라는 비판도 제기된다. 그러나 이러한 비판은 눈에 보이는 불평등에만 주목하고 실질적인 불평등은 무시하는 셈이다.

예를 들어보자. 육상 선수들은 곡선 구간이 있는 트랙에서 경기를 할 때 각기 다른 출발점에 서게 된다. 바깥쪽 레인에 있는 선수는 앞에서 출발하고 안쪽 레인에 있는 선수는 뒤에서 출발하는 규정을 두고, 경기가 불공정하다고 생각하는 사람은 없을 것이다. 트랙에 숨어 있는 원의 둘레, 즉 각 레인마다 다른 거리를 고려해, 각기 다른 출발점에서 시작한다는 사실을 알기 때문이다. 출발점이 다르다는 눈에 보이는 불평등은 사실 레인마다 거리가 다르다는 실질적인 불평등을 좁혀주는 역할을 한다. 역차별처럼 보이는 사회적 약자 우대 정책도 마찬가지다. 사회적 약자를 위한 정책을 수립하는 이유는 사회에 숨어 있는 원의 둘레, 즉 사회적 약자가 처해 있는 온갖 불리한 조건을 평등하게 만들기 위해서이다.

물론 기회의 평등에 대해서도 비판은 있을 수 있다. 현실에서 복잡하게 얽혀 있는 수많은 요인 때문에 기회의 평등을 제대로 보장하기 어렵기 때문이다. 그래서 노력만으로 부와 성공을 획득할 수 있다는 약속 또한 결국에는 허상이 될 수밖에 없고, 오히려 잘못된 환상으로 인해 불평등이 정당화되고 패배감은 더 확장할 수도 있다는 비판에는 일리가 있다. 모든 사람이 출신이나 배경, 혹은 선천적 재능에 상관없이, 노력 하나만으로 계층 사다리를 오를 수 있는 공정한 경쟁의 조건을 보장받는 것은 결코 쉽지 않다.

기회의 평등을 보장해, 결국 모두에게 육상 경기에 참여할 기회가 주어졌다고 가정해 보자. 예전에는 신분이나 성별에 따라 경기에 참여할 수 있는 기회조차 막혀 있었지만 이제는 모두에게 그 기회가 열려 있다. 이때 모두가 같은 거리를 뛰는, 딱 그만큼의 공정성은 보장될 것이다. 하지만 이로 인해 성공의 기회가 균등하게 돌아가는 것은 아니다. 누군가의 트랙은 평평한 폴리우레탄 재질로 된 길일 수 있으며, 또 다른 누군가의 트랙은 울퉁불퉁한 자갈길일 수도 있다. 누군가는 최신 육상화를 신고 뛰지만, 또 다른 누군가는 다 해어진 운동화 어쩌면 맨발로 뛰어야 할 수도 있다. 국가가 나서서 모든 요인을 하나하나 관리하고 감독하는 것도 결코 쉽지 않다.

이러한 현상이 가장 극명하게 나타나는 분야는 교육과 입시일 것이다. 기득권에 위치한 부모가 자녀의 교육이나 입시에 얼마나 큰 특권과 혜택을 줄 수 있는지, 또 주려고 하는지 잘 알고 있을 것이다. 사실상 자녀에게 부모가 가진 특권과 혜택을 정당하게 물려주고 자신들의 사회적 위치를 영구화할 수 있는 몇 안 되는 방법 중 하나가 자녀를 일류 대학에 보내는 것이기 때문이다. 이때 부모의 학력이나, 인맥, 재력 등은 엄청난 힘을 발휘한다. 가족 제도가 균등한 기회의 제공을 실현하기 어렵게 만드는 셈이다.[6]

스탠퍼드 대학교Stanford University 교수 루이스 터만Lewis Terman이 진행한 연구는 이를 잘 보여준다. 그는 아이큐 140 이상의 아이들을(이는 전체 인구의 상위 1퍼센트에 해당하는 수치다.) 선발한 다음 성인이 될 때까지, 반세기 동안 그들의 삶을 추적했다. 그 결과 지적 능력이 상위권에 해당하는 집단 내에서도 학업 성적이나 업무 성취도가 무려 열 배 이상 차이 났다. 모두 우수한 인재가 될 수 있는 기본 조건을 가졌을 텐데, 이토록 큰 격차가 발생된 이유는 무엇이었을까? 터만 교수는 이에 대한 실마리를 발견했다. 가장 높은 성공을 이룩한 사람들의 공통분모를 찾아낸 것이다. 다름 아닌 가정 환경이었다. 그들은 모두 중산층이나 상류층 가정에서 자랐다.[7]

이런 결과가 부당하다는 것은 아니다. 기득권층이 늘 입시 비리와 같은 부당한 방법만 동원해, 자녀에게 이점을 제공하는 것은 아니기 때문이다. 기득권층은 아이에 대한 관심, 경제적 지원, 양질의 대화, 그리고 정서적 안정감 등 일상에서도 좋은 환경을 유지할 가능성이 높다. 이는 그렇지 못한 환경에 처해 있는 아이와 격차를 만들어낼 수 있는 요인이 된다. 다시 말해 아이들은 자신의 노력만으로 기회의 평등을 추구하기가 어렵다. 이러한 현실 속에서도 개인의 노력과 수고의 중요성은 한껏 강조되고 있다.[8] 게다가 사람들은 무일푼으로 시작해 어려운 유년기와 온갖 걸림돌을 뛰어넘고 이루어낸, 눈물 쏟기 좋은 성공담에 열광한다. 이 때문에 스스로 성공을 이루지 못했다고 생각될 때, 지나칠 정도로 크게 자책하기도 한다.

기회의 평등은 그 아름다운 약속과는 달리 현실에서는 달성하기 어려운 과제이다. 모두가 공정한 경쟁을 한다면 정당한 결과를 도출할 수 있는지에 대한 질문을 하기에 앞서, 일단 공정한 경쟁 자체가 성립되기 힘들다는 사실을 인지해야 한다. 물론 열악한 환경을 극복하고 개천에서 용이 나는 경우가 가뭄에 콩 나듯 있다. 하지만 아주 특수한 사례만으로 사회가 제대로 돌아가고 있다고 주장하는 것은 억지일 뿐이다. 기회의 평등이 보장되는 사회는 수년에 한 번씩 개천에서 용이 나는 사회가 아니라, 매년 꾸준히 개천에서 이무 기라도 나오는 사회다.

조금 더 본질적으로 파고들면, 평등은 실현 불가능한 가치가 되기도 한다. 사람의 욕구와 행복의 척도는 전부 다를 수밖에 없기 때문이다. 누군가는 다섯 가지의 욕구를 가지고 살고, 누군가는 열 가지의 욕구를 가지고 산다. 누군가는 다섯 가지의 욕구 중 세 가지의 욕구만 충족되어도 행복하지만, 누군가는 열 가지의 욕구 중 열 가지의 욕구가 모두 충족되어야 만족한다. 기회와 결과의 평등을 실현한다고 하더라도, 적어도 행복과 만족의 측면에서는 영원히 평등할 수 없는 것이다. 어쩌면 그 점에서 만큼은 우리 모두 평등하다.

─────── **무엇을 위한 평등인가**

평등한 사회를 추구하는 데 있어 단순한 해법은 존재하지 않는다. 하지만 최근 들어 평등을 단순하게 접근하는, 우려되는 움직임이 포착되고 있다. 특히 차별의 문제에서 더욱 두드러지는 현상인데, 개인 간의 차이를 축소하거나 아예 무시하는 것이다. 몇몇 급진적인 이상주의자나 혁명주의자만의 주장이 아니다. 지식인 또한 개인 간의 차이를 무시해야 한다는 주장에 편승하고 있다. 몇몇 학자들은 개인의 차이는 무시되어도 될 수준이기 때문에, 누구나 제대로 동기를 부여받고 노력하면 모든 일에서 성공을 거둘 수 있다는 극단적인 평등 이론을 주장한다. 한마디로 누구나 노력하면 김연아나 페이커처럼 될 수 있다는 소린데, 힘이 되기는 하지만 그다지 현실성이 있는 말은 아니다.

노력의 중요성을 폄훼하는 것은 아니다. 분명 노력은 중요하며, 아무리 천부적인 재능을 가지고 있더라도 이를 뒷받침하는 노력 없이는 재능을 꽃피우지 못한다. 하지만 노력이 모든 차이를 만들어내는 것은 아니다. 그 예로, 스포츠에서는 신체 조건이 중요한 역할을 한다. 이때 신체적 차이는 결과의 차이를 만들 수 있다. 스포츠뿐만 아니라 음악, 미술, 학업 등 다양한 분야에서 선천적으로 타고난 신체적, 음악적, 미적, 그리고 지적 능력은 무시하지 못할 차이를 가져온다.

그렇다면 개인의 차이를 인정하지 않으려는 태도는 어디에서부터 비롯되는 것일까? 심리학자 스티븐 핑커Steven Pinker 는 이를 불평등에 대한 두려움 때문이라고 분석했다. 그의 주장에 따르면, 개인이나 집단 간의 차이를 무시하자고 주장하는 사람은 선천적 차이를 인정하는 것에서 몇 가지 해악이 발생한다고 믿는다.

첫 번째, 그들은 사회 다윈주의, 즉 차이를 인정하는 것이 차별을 정당화하는 데 악용될 가능성이 있다고 우려한다. 서로 다르다는 점을 인정하면, 특정 집단의 구성원을 더욱 쉽게 차별할 수 있다고 생각하기 때문이다. 또한—연봉이든 학력이든 인스타그램의 좋아요 수든—개인의 차이가 선천적 특성에서 비롯되는 것이라면, 그 차이는 사회의 부조리 때문에 발생한 것이 아니라 순전히 개인의 탓 때문에 발생한 것으로 치부될 수 있다고 주장한다. 이는—특히 생물학적으로 차이가 발생할 때—다른 집단의 구성원을 차별하는 것이 합리적인 선택이라고 여기게 될 수 있다.

두 번째, 그들은 우생학을 두려워한다. 우리는 다른 집단에 대한 본능적인 적대감을 가지고 있다. 적대감이 혐오감으로 넘어가, 인종 청소나 집단 살해가 발발하기도 했다. 이러한 폭력의 역사 때문에 많은 사람은 개인 간의 차이를 인정하는 것에 두려움을 느끼는 것이다. 그러니 개인의 차이를 인정하는 것이 우생학을 부추길 것이라는 걱정은 그리 근거 없는 우려가 아니다. 그들은 이 같은 폐해가 발생할 수 있다는 이유로 개인의 차이를 인정하지 않으려고 한다.

인종 간 또는 인종 집단 간 발견되는 유전적 차이는 같은 인종 내에서 발견되는 개인 간의 차이보다 훨씬 작다. 하지만 성별 간 차이는 이보다 크다. 그래서인지 성별 간 차이는 선천적 차이를 인정하는 데 있어 가장 강하게 두려움이 표출되는 분야다.

물론 남성과 여성 사이에는 비슷한 점이 더 많다. 남성의 Y 염색체에 있는 소량의 유전자 말고는 남성과 여성은 모두 같은 유전자를 가지고 있다. 게다가 사회적 활동과 직접적으로 관련이 있는 평균적인 일반 지능 또한 비슷하다.

그럼에도 불구하고 분명 차이는 존재한다. 우선 여성과 남성은 생식 기관과 몇몇 신체적 구조 등에서 확실한 차이가 있다. 뿐만 아니라 호르몬의 분비와 이로 인한 변화까지 고려한다면, 여성과 남성이 선천적으로 다를 수 있다는 주장은 꽤나 신빙성이 높아 보인다. 실제로 Y 염색체는 태아의 몸에서 고환의 성장을 촉발시키고 고환은 테스토스테론과 안드로겐을 분비한다. 이 호르몬들은 태아 발생기와 출생 후 수개월, 사춘기 동안 남성의 뇌에 지속적인 영향을 미친다. 물론 에스트로겐도 평생 동안 여성의 뇌에 지속적인 영향을 미친다.

그러나 성별에 따라 발생하는 모든 차이점을 선천적 차이로 인한 결과로 볼 수는 없다. 고정 관념과 같은 사회적 편견으로 인해 형성된 차이도 있을 것이다. 하지만 진화 생물학적 관점으로 살펴보거나 호르몬의 영향을 고려한다면, 선천적 차이가 아예 없다고 말하기는 어렵다. 그렇다면 다음과 같은 주장으로 이어질 수 있다. 남성과 여성 간의 생물학적 차이가 일정 부분 존재한다는 사실이 성차별을 정당화하는 근거가 될 수 있지 않을까? 당연한 소리지만, 절대 그렇지 않다.

여기서 다시 한번 평등의 개념을 이해하고 받아들이는 방식이 중요해진다. 평등은 모든 인간이 서로 동일하다는 주장이 아니다. 개인의 능력과 관심사, 욕구는 모두 다르므로 평등은 모든 면에서 동등하다는 의미가 아니라, 오히려 그 반대에 가깝다. 서로가 다르지만, 그럼에도 불구하고 차이나 평균적인 특성에 따라 재단되거나 억압되어서는 안 된다는 원칙인 것이다. 그렇기 때문에 평등을 정당화하기 위해 모든 면에서 동일한 존재일 필요는 없다.

예를 들어보자. 대학 전공과목 선택하는 데 있어, 남성과 여성은 극명한 차이를 보인다. 2020년 교육 통계 자료에 따르면, 공학계열에 재적 중인 여학생의 비율은 전체 학생의 20퍼센트를 조금 넘는다. 비단 우리나라에서만 발견되는 현상은 아니다. 과학, 기술, 공학 및 수학 분야에서 여성의 과소 대표성은 전 세계적으로 발생하는 현상이다.

우리나라보다 양성평등에 대한 논의가 훨씬 더 먼저 시작된 미국도 예외는 아니다. 미국의 여학생들은 대학교에 입학한 후 인문 과학, 예술, 자연 과학 등 다양한 강의를 선택하는 경향이 있다. 반면, 남학생들은 대학교에 입학한 후 여학생들보다 조금 더 집중적으로 수학 및 과학 강의를 선택하는 경향이 있다. 하지만 그 차이는 그리 크지 않으며, 여학생과 남학생 모두 다양한 분야의 수업을 수강하는 편이다. 격차가 벌어지는 건 졸업 후부터이다. 여학생들이 졸업 이후에 진출하는 분야는 의학, 법학, 인문학, 사회 복지, 예술 등에 치중되어 있다. 그렇다 보니 졸업 이후에 자연 과학 혹은 공학 분야의 박사 학위를 따는 여학생은 단 1퍼센트에 불과하다. 이는 8퍼센트라는 남학생의 비율과 비교했을 때 확연히 더 낮은 수치다.[9]

이공계, 특히 공학 분야에서 남녀의 비율이 8 대 2, 혹은 9 대 1 등으로 나타나는 것은 분명 부자연스러운 현상이다. 그래서인지 몇

몇 사람들은 이러한 격차가 성차별을 직접적으로 드러내는 지표라고 주장한다. 물론 사회적 편견이나 차별의 영향도 있을 것이다. 하지만 그것이 전부는 아니다. 생각보다 사회적 편견이나 차별의 영향이 그리 크지 않을 수도 있다. 쉽게 말해, 이 불균형적인 지표는 성차별의 결과가 아닐 수도 있다.

미주리 대학교University of Missouri 심리과학 교수 데이비드 기어리David Geary 와 리즈 베켓 대학교Leeds Beckett University 심리학 교수 기스버트 스퇴트Gijsbert Stoet 가 진행한 공동 연구 결과에 따르면, 양성평등 수준이 높은 핀란드, 노르웨이, 스웨덴과 같은 국가에서는 이공계를 전공한 여성의 비율이 상대적으로 적었다. 반대로 성차별이 만연한 중동이나 알제리, 터키, 튀니지, 아랍 에미리트 등과 같은 국가에서는 이공계를 전공한 여성의 비율이 상대적으로 훨씬 더 높았다. 이는 여성이 이공계에 진출하지 않는 이유가 사회적으로 형성된 장벽 때문이라는 생각과 완전히 반대되는 결과다. 이를 '성평등 역설'이라고 칭한다.[10]

양성평등 수준이 비교적 높은 국가에서 여성의 이공계 진출 비율이 낮게 나타나는 이유는 무엇일까? 이에 대해 기어리와 스퇴트는 자유롭고 부유한 국가에서 개인의 선호도가 더욱 강하게 표출되기 때문이라고 설명한다. 이들의 주장에 따르면, 북유럽 국가와 같이 사회 보장 제도가 잘 갖추어져 있고 양성평등 수준이 높은 곳에서는—상대적으로 보수가 낮거나 취업률이 떨어지더라도—여성이 비교 우위에 있고 관심이 있는 분야에 진출하는 비율이 높다. 어느 직업을 선택하든지 남성과 동등하게 존중받는 것이 가능하기 때문이다. 반면 상대적으로 사회 보장 제도가 갖추어져 있지 않고 성차별이 심한 곳에서는 여성이 경제적 안정성을 확보하는 것이 중요하기 때문에 —안정적인 보수를 제공하는— 이공계 분야에 진출하는 비율이 높다.[11]

기어리와 스퇴트는 공동 연구를 통해, 전 세계적으로 남학생이 과학이나 수학에 강점을 보이는 반면 여학생은 독해에 강점을 보인다는 사실도 발견했다. 그러므로 남학생이 이공계 분야를 전공할 가능성이 더 높은 것과 여학생이 비이공계 분야를 전공할 가능성이 더 높은 것은 어찌 보면 지극히 자연스러운 선택일 수도 있다.

물론 과학이나 수학과 관련된 여학생의 능력이 남학생에 비해 절대적으로 떨어진다는 의미는 아니다. 실제로 우리나라를 포함한 많은 국가에서 여학생의 성적은 전반적으로 남학생에 비해 우위에 있다. 다만 그 우위를 표준화해 비교할 경우, 여학생이 과학이나 수학 분야에서 앞서는 정도가 독해 분야에서 앞서는 정도보다 더 작을 뿐이다. 여학생이 이공계가 아닌, 비이공계 분야로 더 활발하게 진출하는 현상은 경제학의 비교 우위론으로 쉽게 설명될 수 있다. 즉 여학생의 경우, 남학생에 비해 훨씬 더 큰 비교 우위를 가지고 있는 비이공계 분야로 진출하는 것이 더 합리적인 선택이라는 것이다.

여기서 중요한 질문을 던질 수 있다. 과연 여성이 비교 우위를 보이는 분야와 남성이 비교 우위를 보이는 분야가 서로 다를 수 있다는 사실이 어느 한쪽이 다른 한쪽보다 더 우월하다는 결론으로 이어지는 것일까? 비교 우위에 따라 내린 합리적인 선택으로 발생한 차이가 반드시 청산해야 할 불평등일까, 혹은 부당한 차별일까? 우리가 추구해야 할 평등은 50 대 50, 즉 무조건적인 균형이 아니다. 그러므로 전공이나 직업, 혹은 수입에서 발생하는 성별 간 불균형이 무조건 여성에 대한 차별이나 억압의 지표가 되는 것은 아니다. 또 성별간 차이를 더욱 면밀히 분석해 도출한 합당하고도 신뢰할 만한 연구 결과를 여성의 권리를 억압하려는 시도나 평등이라는 대의를 저해시키려는 의도로 몰아붙여서도 안 된다. 이는 마치 방사능이 인체에 미치는 부작용을 연구하는 사람에게 사람들이 방사능 피해를 입기를 바라는 것이냐고 따지는 행위와 같다.

설사 우리가 양성 간의 차이를 무시하고 맹목적인 균형을 추구한다고 해도, 그러한 선택이 불러올 비용 또한 고려해봐야 한다. 우선 개인적 비용을 따져야 할 것이다. 평균적인 수치와 별개로, 결국 전공이나 직업을 선택하는 주체는 개별적인 개인이다. 양성 간의 균형을 맞춰야 한다는 사회적 압력은 역설적이게도 차별과 똑같은 효과를 불러온다. 양성평등이라는 명목하에 개인의 잠재력과 관심사의 중요성이 축소될 수 있기 때문이다.

차이를 무시하는 움직임에 대해 심리학자 린다 고트프레드슨Linda Gottfredson 은 양성평등을 사회 정의의 수단으로만 이용한다면, 자신이 원하는 직업을 선택하지 못하게 하고 자신이 바라지 않는 직업으로 떠미는 결과를 가져올 것이라고 주장했다.[12]

심리학자 주디스 클라인펠트Judith Kleinfeld 역시 재능 있는 여성 수학자 대신 수학 교사가 되고, 물리학자 대신 저널리스트가 되고, 공학자 대신 변호사가 되기로 결정했다고 해서, 스스로의 가치가 낮아지고 문명에 덜 중요한 존재가 된다는 메시지를 전하지 말아야 한다고 지적했다.[13] 여성과 남성의 선호도 차이를 조정해 비율을 동일하게 맞추려는 시도는 사회적 압력 때문에 개인의 선택권이 억압되어서는 안 된다는 기본 원칙에도 반한다. 우리가 추구해야 할 것은 더 많은 개인의 선택권이지, 그 반대가 아니다.

다음으로 사회적 비용을 따져야 한다. 우리나라에서 소방 서비스 분야는 여성의 진출이 비교적 막혀 있었다. 반면 여성 인력을 새롭게 유입시키려는 정부와 지자체의 적극적인 조치 아래 최근 몇 년간 여성 인력이 꾸준히 증가하며, 긍정적인 진전이 이루어지고 있는 분야이기도 하다.

이 현상에 대한 비판도 있다. 첫 번째, 구조 및 구급 등의 현장 인력이 턱없이 부족한 상황에서 여성 소방 공무원이 늘어나는 것은 오히려 업무 부담을 가중시킨다는 지적이다. 우리나라의 소방 서비스는 기준 인력 대비 현장 인력이 현저히 부족하다. 2019년 기준, 서울의 경우에는 기준 인력 대비 9.6퍼센트, 강원은 31퍼센트, 제주는 37퍼센트, 전남은 거의 40퍼센트 가깝게 부족하다.[14] 현재 여성 소방 공무원의 대다수는 구급과 행정 업무에 집중되어 있다. 그렇기 때문에 어차피 행정직으로 배치될 여성이 계속 늘어나는 것은 별 도움이 되지 않는다는 지적이 지속적으로 나오고 있다.

이 비판에는 명백한 오류가 있다. 여성이 행정직에 배치되는 현상이 자의적 선택에 의한 것인지, 타의에 의한 결과인지가 불분명하다. 그럼에도 여성 소방 공무원의 채용 증가가 현장 인력 부족과 업무 부담 가중의 원인이라고 볼 수 있을지 의심스럽다.

여성 소방 공무원이 구급과 행정 업무로 배치되도록 적극 유도하는 것이 소방청의 방침이라는 점에서, 이러한 불균형이 단지 여성 소방 공무원이 현장 업무를 기피하기 때문이라는 주장은 오히려 신빙성이 떨어진다. 만약 여성 소방 공무원이 현장 업무를 소화할 능력이 충분한데도 불구하고, 여성에 대한 사회적 편견 때문에 배제되는 것이라면 이것이야말로 철폐되어야 할 명백한 차별적 제도이다.

게다가 논란을 불러일으키는 주범은 여성 소방 공무원이 늘고 있다는 사실이 아니라, 소방 공무원의 채용 기준에 있다. 현재 소방 공무원 체력 시험은 남성과 여성 지원자에게 다른 기준을 요구한다. 소방공무원임용령에 의하면 소방 공무원 체력 시험은 총 여섯 가지 종목을 10점 만점 기준으로 평가하는데, 여성 지원자에게는 남성 지원자의 55~80퍼센트 수준만 요구한다. 악력 종목의 경우 남성의 만점 기준은 60킬로그램이며, 여성의 만점 기준은 37킬로그램이다.[15] 요즘에는 장비가 경량화되었기 때문에, 여성에게 요구되는 기준만으로도 일을 하는 데 지장이 없다는 주장도 있다. 그렇다면 남성에게 요구되는 기준 역시 이에 맞춰 조정되는 것이 더 합리적인 방향일 것이다. 하지만 현장 업무를 제대로 수행하는 데 있어 현재 여성 지원자에게 요구되는 체력 기준보다 더 높은 체력 기준이 요구된다면, 여성 지원자에게 채용의 문을 더 열어주되 그들에게도 높은 체력 기준을 요구하는 것이 더 합리적인 방향일 것이다.

현재 소방 공무원 시험은 여성 채용 비율에 제한을 두고 있다. 여성 지원자의 경쟁률은 남성 지원자의 경쟁률에 비해 세 배 정도 더 높다. 뿐만 아니라 높은 경쟁률 탓에 여성 지원자의 필기시험 합격 점수 또한 남성 지원자에 비해 10점 높다. 이는 오히려 여성 지원자의 입장에서 불리한 기준이라고도 볼 수 있다.

결국 가장 중요한 것은 채용 기준의 공정성이다. 이는 채용 기준이 업무 수행 능력과 얼마나 밀접한 관계가 있는지와 연결된다. 만약 악력이 소방 공무원의 업무 수행 능력을 고려하는 데 필요하다면, 그 능력을 측정하는 정확한 기준이 중요해진다. 즉, 악력 종목의 합격선으로 40킬로그램이 적절한지 혹은 20킬로그램으로도 충분한지에 대한 기준이 중요한 것이지, 지원자의 성별은 중요한 것이 아니다. 반대로 필기시험이 소방 공무원의 업무 수행 능력을 정확히 예측해 주는 도구라면, 필기시험의 비중을 늘리는 것이 옳은 방향일 것이다.

가장 좋은 방법은 채용 기준을 더 세분화하는 것이다. 뛰어난 신체 능력이 요구되는 현장 인력은 더 높은 체력 시험 기준을 적용하는 것이 가능해진다. 반면 행정 인력에는 그에 맞는 필기시험이나 면접 심사를 통해 지원자를 뽑는 것이 가능해진다. 업무 수행 능력과 밀접한, 공정하고 합리적인 채용 기준을 원칙으로 설정하게 되면 굳이 여성 채용 비율을 따로 제한할 필요가 없다. 특혜를 통해 자리를 차지했다는 부당한 비난이나 여성 소방 공무원을 바라보는 편견 가득한 사회적 시선 또한 줄어들 것이다.

소방 공무원과 같이, 성별 비율에서 큰 차이를 보이는 분야에서 그 격차를 줄이기 위한 시도는 분명 긍정적이다. 양성평등은 아름다운 이상이고, 우리 사회가 추구해야 할 방향이기 때문이다. 하지만 여성과 남성의 신체적 조건이 동일할 수 없으므로, 그 방식은 조금 더 세심하고 조심스럽게 접근할 필요가 있다.

만약 여성에게 적용되는 완화된 체력 기준이 실제 현장에서 업무 수행을 하기에 부적절한 기준이라면, 구조의 효율을 낮추는 결과로 이어질 수 있기 때문이다. 이는 생존의 문제와 직결된다. 즉 단순히 성차별의 문제를 넘어 더욱 커다란 사회적 손실로 이어질 수 있다. 물론 그 비용은 성별을 가리지 않고, 우리 모두가 지불해야 한다.

여기서 꼭 짚어야 할 것이 있다. 사회의 많은 분야에서 여전히 여성이 남성보다 불리한 위치에 있다는 사실이다. 그리고 그 격차의 일부는 분명 차별로 인해 고착화된 격차이다. 여성의 능력을 과소평가하거나 여성의 '자연스러운 위치' 따위를 운운하는 비합리적인 편견으로 인한 차별은 여전히 존재하고 강력한 영향력을 발휘한다.

——— 진정한 평등을 향해

평등은 이루어내기도 어려울 뿐만 아니라 접근하기도 상당히 까다로운 문제다. 이번 장에서는 차이로 인해 발생하는 끔찍한 폭력과 지독한 편견에 대한 두려움 때문에 차이를 부정하고 맹목적 평등을 추구하게 되는 과정을 살펴보았다. 그 과정에서 우리 모두가 평등하다는 주장과 우리가 모든 면에서 동일하다는 주장은 서로 완전히 다른 개념이며, 개인의 차이를 인정하는 것이 모두의 평등을 부정하는 것은 아니라는 점도 확인할 수 있었다. 그러므로 차이를 인정하는 태도가 늘 차별을 용인하는 태도로 이어지는 것은 아니다.

지금까지 차이와 차별의 경계를 알아보았으니, 다음 장에서는 본격적으로 차별의 여러 단계를 알아볼 예정이다. 미리 경고하자면, 차별에는 '모 아니면 도'나 '전부 아니면 전무'라는 식의 태도가 먹히지 않는다. 오히려 빛의 각도에 따라 다른 색깔을 비추는 크리스털처럼 맥락에 따라 그 의미가 미묘하게 달라진다.

2부

차별
에서

처벌
까지

4

차별인 듯 차별 아닌,
차별 같은 차별

완전히 희거나 검은 것은 없단다. 흰색은 흔히 그 안에 검은색을
숨기고 있고, 검은색은 흰색을 포함하고 있는 거지.

에밀 아자르, 《자기 앞의 생》 중에서

나도 한국인이지만, 선뜻 이해가 되지 않는 우리나라의 문화나 제도가 몇 가지 있다. 그중 하나는 한국인의 등산복 사랑이다. 여행을 할 때, 마치 약속이라도 한 듯 모두가 등산복을 입는다. 국토의 70퍼센트가 산지인 우리나라의 특성상 언제 혹은 어디에서 갑자기 산악 지대가 앞길을 불쑥 막을지도 모르니, 이에 대비해 등산복을 챙겨 입는 것이라는 이유를 댈 수도 있을 것이다. 하지만 등산복 사랑은 아름다운 우리 강산 밖, 이를테면 피렌체의 두오모 성당이나 그라나다의 알람브라 궁전과 같은 곳에서도 이어진다. 어쨌거나 남에게 피해를 주는 일은 아니니 크게 개의치 않는다.

　다음은 공공장소 예절이다. 이 부분은 남에게 직접적으로 피해를 줄 수 있는 문제이기 때문에 상당히 신경이 쓰인다. 내가 현재 살고 있는 도시는 뉴욕이다. 뉴요커들은 미국 내에서도 무례하고, 괴팍하고, 시끄럽기로 악명이 높다. 나 역시 이러한 평판에 어느 정도 동감하는 바이나, 적어도 뉴요커들은 공공장소에서 불필요한 신체 접촉을 피하려고 노력한다. 이는 삭막한 도시 생활을 하기 위해 지켜야 하는, 일종의 암묵적인 룰과 같다. 물론 살다 보면 불가피하게 타인과 신체 접촉이 발생하는 경우가 생긴다. 이 같은 상황에서는 '쏘리(실례합니다.)'나 '익스큐즈미(죄송합니다.)'와 같은 말이 자동적으로 나와야 한다고 생각한다. 하지만 우리나라의 지하철에서는 다른 승객들이 미처 다 내리기도 전부터 온몸으로 밀고 들어오는 사람과 빈자리를 향해 엄청난 기세로 돌진하는 사람을 접하게 된다. 물론 이들에게서 사과의 말이나 양해의 말을 듣는 것을 기대해서는 안 된다.

도로 예절은 또 어떠한가. 내가 뉴욕에 처음 도착해 목격한 장면 중 가장 놀라웠던 것은 대나무 숲처럼 빽빽하게 들어선 초고층 건물의 풍경이 아니었다. 빵빵거리는 경적 소리에도 아랑곳없이 무단 횡단으로 뻔뻔하게 도로를 가로지르는 보행자의 모습이었다. 도대체가 신호를 지킬 생각이 없어 보였다. 적신호에 횡단보도를 건너는 일은 다반사였고, 혹시라도 열받은 운전자가 경적을 울리며 재촉하기라도 하면 오히려 '뻑뻑(fuckfuck)'거리며 위협적으로 욕을 날렸다. 이 무슨 똥배짱이란 말인가. 나는 처음에 신호등을 아주 칼같이 지켰지만, 준법정신은 그리 오래가지 않았다. 언제부터인가 나 역시 뉴욕의 교통 문화에 완전히 익숙해져, 웬만한 신호는 무시하며 돌아다니게 되었다.

무단 횡단을 옹호하거나 교통 법규 따위는 무시해도 좋다는 주장을 하는 것은 아니다. 내가 말하고 싶은 것은 법적인 책임의 문제가 아니라, 그 너머의 책임감에 대한 문제다. 사회의 수준은 그 사회가 가장 약한 구성원을 어떻게 대하는지에 따라 가늠할 수 있다. 제대로 된 사회라면 교통 법규가 무엇이든 보행자를 우선시하는 문화가 정착되어야 한다고 생각한다. 그것이야말로 약자를 배려할 줄 아는 책임감 있는 사회이기 때문이다. 도로 위의 약자는 언제나 보행자일 수밖에 없다. 그렇다면 강자인 자동차가 약자인 보행자를 배려하는 문화가 그리 이상한 것일까?

우리나라의 도로는 오로지 자동차를 위해 존재하는 것 같다. 보행자의 통행을 위한 청신호도 터무니없이 짧고, 신호가 바뀌는 순간 자동차는 대개 0.1초도 지체하지 않고 '풀액셀'을 밟는다. 신호등이나 횡단보도가 있는 곳은 그나마 나은 편이다. 이조차 마련되어 있지 않은 좁은 골목길은 더 위험하다. 좁은 골목길에서 운전자와 보행자 중 한 명이 먼저 지나가야 하는 상황이 오면, 이 눈치 게임의 승자는 거의 운전자다. 양보와 배려는커녕, 육중한 차체부터 들이밀고 본다. 이는 초등학생이 뛰는 축구 경기에 프로 선수가 참가해 슬라이딩 태클을 날리는 꼴이다. 강자가 약자에게 알아서 피해 가라는 경고를 날리는 것인데, 나는 이것이 사회에 만연한 갑질 문화와 무관하지 않다고 본다.

마지막으로 가장 이해가 안 되는 문화가 있다. 나는 이것이 합법적이라는 사실이 가장 놀랍다. 다름 아닌 이력서에 사진을 첨부하는 문화다. 이력서를 낼 때 사진을 첨부해야 한다는 사실을 비교적 최근에 알게 되었다. 결혼 상대나 외모 경연 대회 우승자를 뽑는 것도 아닌데, 굳이 서류 전형 단계에서 지원자의 사진을 요구하는 이유를 알 길이 없다. 지원자가 회사에 적합한 인재인지 판단하는 데 외모가 큰 영향을 끼치지 않을 것이다. 혹시 사진으로 드러난 관상을 통해 '왕이 될 상'인지 알아내고자 하는 것일까?

살벌할 정도로 치열한 채용 시장에 뛰어드는 지원자는 이력서 사진에도 많은 신경을 쓸 수밖에 없다. 지푸라기라도 잡아야 하는 절박한 상황에서 이력서 사진은 자신을 어필할 수 있는 절호의 기회가 되기 때문이다. 이력서 사진에 대한 조언은 압구정역을 도배한 성형외과 광고물만큼이나 차고 넘친다. 진한 아이라인이나 볼 터치, 광택 등이 도드라지는 메이크업은 피해야 한다는 조언부터, 앞머리를 내리는 것보다는 올리는 것이 더 낫다는 둥, 둥근 얼굴에는 브이넥으로 각진 얼굴에는 라운드 넥으로 얼굴형을 보완해야 한다는 둥, 넥타이는 피부 톤에 맞는 색깔을 골라야 한다는 조언까지, 그 종류도 다양하다. 물론 이는 대상에게 불안감을 조성한다는 면에서도 성형외과 광고물과 비슷하다. 스펙을 쌓을 시간도 부족한 지원자에게 외모마저 신경 쓰게 만드는 것이다.

그렇다면 이쯤에서 이력서에 사진을 첨부하는 문화에 대해서 더욱 본질적인 질문을 던져야 할 때이다. 서류 전형 단계에서 지원자의 사진을 확인하고 채용 여부를 판단하는 행위, 이것은 외모 차별이 아닐까?

——— **외모 지상주의 사회**

동서고금을 막론하고 인간은 늘 아름다움을 동경해 왔다. 물론 시대에 따라 미美의 기준은 달라지기도 하고 개인에 따라 취향의 차이가 존재하기도 하지만, 어쨌거나 인간 사회에서 아름다움은 늘 엄청난 영향력을 발휘했다. 대표적인 미남 배우의 말마따나 잘생긴 건 짜릿하고 늘 새로운 것이다. 하지만 승자가 있으면 패자도 있고, 빛이 생기는 동시에 그림자도 생기는 법. 아름다움에 대한 명확한 기준이 세워지면, 그 기준에 부합하지 않는 것은 추함으로 규정되기 마련이다. 특히 아름다운 외모의 기준이 획일화되어 있는 사회에서는 외모만으로도 우열이 정해지기도 한다. 이처럼 외모로 사람을 차별하는 사회적 풍조를 가리켜 루키즘, 혹은 외모 지상주의라고 한다.

외모 지상주의 사회에서 개인이 오로지 외모 때문에 부당한 평가를 받은 사례는 무수히 많다. 영국의 축구 선수 데이비드 베컴David Beckham은 터무니없이 잘생긴 외모 때문에 오히려 축구 실력이 과소평가되었다. 이는 아주 양호한 차별에 속한다. 심지어 이를 두고 차별이라고 해도 될지 의심스럽다. 설마 베컴이 축구 실력으로만 평가받고 싶다는 이유로 자신의 조각 같은 얼굴을 원망했을 리는 없을 테니 말이다. 게다가 잘생긴 얼굴 덕분에 수많은 광고에 등장했고, 축구 선수로 받는 연봉보다 모델로 받는 수익이 훨씬 더 많기도 했다.

대부분의 외모 차별은 이보다 훨씬 더 가혹하다. 외모 때문에 대통령 선거에서 패배한 리처드 닉슨Richard Nixon의 이야기가 대표적인 예이다. 운이 나쁘게도, 닉슨이 공화당 대선 후보로 출마한 1960년 미국 대통령 선거는 최초로 TV 토론회가 도입되었다. 더 운이 나쁘게도, 당시 민주당 대선 후보는 잘생긴 외모로 유명한 존 F. 케네디John F. Kennedy였다. 닉슨은 TV 토론회 당일 메이크업도 하지 않고 면도도 제대로 하지 않은 얼굴로 등장했다. 아마도 외모의 중요성을 과소평가했을 것이다. 그 결과는 참담했다. 라디오로 중계된 토론회를 청취한 기자들은 닉슨이 우위를 점했다고 평가한 반면, TV로 중계된 토론회를 시청한 대부분의 사람은 케네디가 압승했다고 평가했다. 노쇠하고 병약해 보이는 닉슨보다 젊고 매력적인 케네디가 훨씬 더 좋은 인상을 주었기 때문이다. 이때 《뉴욕 타임스》는 "닉슨은 라디오상으로는 이겼다."라는 기사를 기고하기도 했다. 그 이후 대선의 흐름은 케네디에게 완전히 유리하게 변했다.

외모는 때로 능력이 되기도 한다. 경제학자 에른스트 로이들Ernst Roidl은 외모가 사람에게 미치는 영향력을 연구하기 위한 실험을 실시했다. 얼음물에 손을 담근 채 얼마나 오래 버틸 수 있는지 측정하는 실험이었다. 이때 시간을 재는 실험자가 아름다운 여성일 경우, 남성 피험자들은 두 배 정도 더 오래 버텼다. 그중 몇 명은 어찌나 무리하며 참았는지 동상에 걸리기도 했다.[1] 이쯤 되면 아름다운 외모는 능력을 넘어 권력이라 칭할 만하다.

게다가 외모는 태어날 때부터 엄청난 힘을 발휘하기도 한다. 이를 뒷받침할 수 있는 연구 결과가 있다. 텍사스 대학교 심리학과 교수 주디 랭루와Judy Langlois는 산부인과 병동이나 산후조리원에서 첫아이를 출산한 여성 144명의 행동을 관찰했다. 이를 통해 예쁜 아기를 낳은 사람은 다른 사람보다 자신의 아기를 훨씬 더 많이 안아주고 키스해 준다는 사실을 발견했다. 무조건적인 사랑으로 알려진 모성애가 발휘되는 데에도 외모가 어느 정도 영향을 미치는 것이다.

그 외에도 외모가 준수한 사람은 상대적으로 채용이 잘되고, 더자주 승진하며, 수입 또한 10퍼센트 이상 높은 데다, 상류층과 결혼할 확률도 더 높다는 연구 결과도 있다. 그래서인지《하버드 로 리뷰Harvard Law Review》에는 "외모는 인종이나 성별과 마찬가지로 실제지원자의 능력과 아무런 연관이 없고 대부분 개인적 호오나 편견에의해 좌우되는 부당한 채용 기준이기 때문에, 법에 의해 규제되어야 마땅하다."라고 주장한 논문이 실렸다.

외모로 인해 발생하는 차별 대우는 과연 정당한 것일까? 우리는외모 차별을 본능적이고 자연스러운 것으로 받아들인다. 마치 외모는 정당한 능력이며 무기라고도 생각한다. 하지만 따지고 보면 외모도 성별이나 인종처럼 자신의 의사와 상관없이 태어날 때부터 타고나는 것이다. 물론 노력이나 비용을 들여 외모를 바꾸는 것이 어느 정도 가능하나, 완전히 바꾸는 것에는 한계가 있다. 그렇다면 타고난 외모로 인해 정당한 평가를 받지 못하고, 동등한 기회가 주어지지 않고, 타인에게 멸시와 모욕까지 당하게 된다면, 외모 차별 또한 인종 차별이나 성차별과 마찬가지로 부당한 행위로 보아야 하지않을까?

너새네이얼 웨스트Nathanael West의 대표작 《미스 론리하트》에 등장하는 코가 없이 태어난 소녀의 사연은 외모 차별의 부당함을 잘 보여준다.

> 저는 춤도 잘 추고, 몸매도 좋고, 아버지가 사주신 예쁜 옷들도 많지만, 결정적으로 코가 없거든요. 가만히 앉아 제 모습을 바라보고 있자면 하루 종일 눈물만 흘러요. 코가 있어야 할 얼굴 정중앙에 커다란 구멍이 있는 제 모습은 제가 봐도 흉측합니다. 그러니 저에게 데이트 신청을 하지 않는 남자아이들을 원망할 수도 없는 노릇이죠. 저희 어머니는 저를 사랑하시지만, 제 모습을 볼 때마다 울음을 터뜨리세요. 어째서 저에게 이런 가혹한 운명이 주어진 것일까요? 저는 스스로 목숨이라도 끊어야 할까요?[2]

허구의 소설이라지만, 소녀의 사연은 우리의 마음을 아프게 한다. 사회가 소녀에게 데이트 상대를 정해주지는 못할 것이다. 그러나 제대로 된 사회라면, 적어도 소녀가 고용 시장이나 행정 서비스에서 외모 때문에 차별을 받는 일만큼은 막아야 할 것이다. 그렇다면 서류 전형 단계에서 지원자의 사진을 요구하는 것 또한 같은 맥락에서 시정되어야 할 제도가 아닐까?

이 질문에 답하는 데 있어 참고할 만한 좋은 예가 있다. 실제로 외모 차별을 법적으로 금지한 도시의 이야기이다. 1992년 캘리포니아주의 산타크루즈시는 외모로 인한 차별을 금지하는 법령을 발의했다. 놀랍게도 시 정부가 시민에게 제공하는 행정 서비스나 시설 등을 이용할 때는 물론이고 시민 사이에서 고용 계약을 맺거나 주택 거래가 이루어질 때까지, 외모로 인한 모든 종류의 차별을 법으로 제재했다.

일부 시민은 즉각적으로 반발했다. 특히 자영업자들은 '얼굴이나 신체에 피어싱을 열네 군데쯤 하고서 삐죽 솟아 있는 데다 냄새까지 나는 초록색 머리를 한 지원자'를 거부할 수 없는 것이냐며 따졌다.[3] 지역 언론도 해당 법령이 지극히 자연스럽고 일상적인 인간 본성에 대한 지나친 간섭이라며 비판에 가세했다. 어느 칼럼니스트는 이를 두고 '면접일에 정장이 아닌 드레스를 입고 나타난 경력직 경찰 출입 기자'를 뽑아야만 하는지 되물었다.[4]

야심 차게 발표한 법령이 여론의 뭇매를 맞자, 법령을 발의한 의원들이 곧바로 이를 맞받아쳤다. 사회에 만연해 있는 외모와 관련된 피상적인 판단을 완전히 뿌리 뽑기 위해 꼭 필요한 법령이라고 항변한 것이다. 또 진정한 사람의 가치는 외모가 아닌 내면에 있는 것이라고 강조했다. 고용 계약이나 주택 거래와 같은 중요한 결정을 내리는 데 있어, 외모가 개입하는 것은 마땅히 법으로 규제되어야 할 악습이라고 주장했다. 더 나아가 고용주가 직원의 외모를 규제하려는 시도는 민권 운동 이전에 흑인이나 여성과 같은 사회 소

수자가 배제당했던 억압의 역사를 연상시킨다며, 다소 선을 넘은 과격한 비유를 들었다.[5]

어쩌다 보니 감정싸움으로까지 번지긴 했지만, 산타크루즈의 법령은 분명 평등과 개인의 자유에 근거를 두고 있었다. 우선 평등의 관점에서 살펴보았을 때, 외모를 판단 기준에서 배제하라는 조항은 결국 외모에 차이를 두지 말라는 요구와 다를 바 없다. 적어도 외모에 있어서는 모든 사람을 동일 선상에 놓는 것이다.

이때 무조건적인 결과의 평등을 추구한 것은 아니었다. 법령에는 특정한 외모가 업무 수행 능력과 밀접한 관련이 있는 경우에는 외모 차별이 허용된다는 예외 조항이 있었다. 예를 들어 시립 발레단원을 뽑을 경우 과체중의 지원자를 뽑을 수 없다는 점이나, 경호원을 뽑을 경우 너무 왜소한 체격의 지원자를 뽑을 수 없다는 점을 고려해야 한다는 것이다. 즉 산타크루즈의 법령은 결과의 평등이 아니라 기회의 평등을 추구한 제도였다. 다만 외모가 아무런 상관이 없거나 그 상관관계가 그리 크지 않다면, 외모 차별은 부당한 차별이라는 것이다.

다음은 개인의 자유다. 산타크루즈의 법령은 개인이 스스로를 어떻게 표현할지에 대한 자유를 최대한 보장한다. 이로써 헤어스타일이든, 패션이든, 문신이든, 피어싱이든, 무엇이든 간에 스스로 선택할 수 있게 되었다. 외모에 대한 고용주나 임대인의 간섭이나 참견을 사전에 차단한 것이다. 이를테면 삭발한 머리나 팔 위를 덮은 문신이 너무 불량해 보인다거나 보석이 박힌 네일 아트 디자인이 너무 화려하다는 이유를 들먹이며, 외모에 간섭하는 행위를 막는 것이 가능해진 것이다.

여기에는 치명적인 허점이 있다. 지원자의 자유와 고용주나 임대인의 자유가 서로 상충한다는 점이다. 지원자가 스스로를 어떻게 표현할지에 대한 자유가 있듯이, 고용주나 임대인 또한 자신의 사업장을 어떻게 표현할지에 대한 자유가 있다. 전문적이고 보수적인 분위기를 원하는 고용주는 직원이 정장을 입고 단정한 헤어스타일을 유지하길 원할 것이다. 반면 클라이언트를 상대할 일이 적은 개발자가 모인 스타트업이라면 직원의 복장이나 외모에 대한 기준이 상대적으로 자유로울 것이다. 힙하고 자유로운 분위기를 추구하는 카페의 사장은 직원이 온몸에 문신을 하거나 양쪽 콧구멍에 각각 세 개의 피어싱을 한들 크게 개의치 않을지도 모른다. 어쩌면 개성 있는 외모를 더 선호할 수도 있을 것이다. 고용주나 임대인의 각기 다른 요구를 완전히 무시한 채, 지원자의 자유만 우대하는 것은 과연 옳은 정책일까?

여론이 제기한 문제를 의식했는지, 산타크루즈는 법령을 개정했다. 외모를 조금 더 좁은 의미로 규정한 것이다. 개정된 법령은 외모를 태어날 때부터 타고난, 혹은 사고나 질병과 같이 개인이 통제할 수 없는 요인으로 인해 형성된 신체적 조건이나 특성으로 정의했다. 이로써 사고로 인해 생긴 흉터나 선천적으로 타고난 외모처럼 본인이 선택하지 않은 특성에 대한 차별만 제재했다. 한편 개인이 선택하고, 또 언제든지 바꿀 수 있는 헤어스타일이나 복장과 같은 외형적 조건은 외모의 정의에서 제외되었다.

이 법령의 핵심은 공정성에 있었다. 개인을 인종, 성별, 장애, 성정체성과 같은 본인이 선택하거나 스스로 통제할 수 없는 특성들로 평가하는 것이 편협한 사고에 기초한 부당한 차별이듯이, 본인이 통제할 수 없는 외모적 요인들로 개인을 차별하는 것 역시 불공정하고 부당한 차별이라고 규정한 것이다. 적어도 공정성의 측면에서는 흠잡을 구석이 없어 보인다. 눈과 코의 모양이나 작은 키, 트러블이 심한 피부, 곱슬머리 등은 선택에 의한 결과물이 아니다. 그럼에도 불구하고 수많은 사람이 단지 사회적으로 규정된 미의 기준에서 벗어났다는 이유로 일상에서 불이익을 받고 있다. 심지어 열등감과 콤플렉스에 시달리기도 한다.

미디어에서 연예인이 작은 눈이나 큰 얼굴, 과체중 등 자신의 외모를 코미디 소재로 소비하는 장면을 흔히 볼 수 있다. 이를 두고 자신의 선택이기 때문에 상관없는 것 아니냐고 항변할 수 있을 것이다. 하지만 미디어에서 연예인이 스스로 틀에 박힌 성적 이미지를 콘텐츠 소재로 소비하는 장면을 본다면 이야기는 달라진다. 동일하게 자신의 선택일지라도, 후자의 경우는 적극적으로 시정해야 하는 문제로 여겨지곤 한다.

외모 차별이 인종 차별이나 성차별만큼 대중의 공감을 이끌어내지 못하는 이유는 무엇일까? 도대체 왜 자신의 선택이나 개인적인 노력과 무관한 외모적 특성으로 인해 차별과 불이익이 발생하는 것을 사회적으로 허용하고 있을까? 머리로는 외모 차별이 부당하다는 사실을 이해하면서도, 이를 법적으로 금지하는 데에는 주저하게 되는 이유는 무엇일까?

이 질문에 답하기 위해서는 차별이 언제 부당한 차별이 되는지 그리고 언제 부당한 차별이 처벌 가능한 차별이 되는지, 즉 차별의 경계에 대해 조금 더 깊게 살펴볼 필요가 있다.

─────── **선량한 차별, 불량한 차별, 이상한 차별**

세상에는 많은 차별이 존재한다. 사람이라면 언제 어디에서나 차별을 하고, 또 차별을 당한다. 그중에는 차별이라고 알아채기조차 어려운 선량한 차별도 있고, 즉각적으로 불쾌감이 드는 불량한 차별도 있으며, 차별인 듯 차별이 아닌 듯 애매한 느낌이 스치는 이상한 차별도 있다. 무엇이 차별의 차이를 만들어내는 것일까?

2021년 4월, 추미애 전 법무부 장관은 장애인 비하 논란에 휘말렸다. 자신의 페이스북에 언론의 상업주의를 비판하는 글을 쓰는 과정에서 '외눈'이라는 표현을 쓴 탓이었다. 정치권에서는 곧바로 장애인 비하 발언이라는 지적이 쏟아졌다. 한 의원은 장애인 비하

의도가 없었다고 해도, 잘못한 것이 틀림없는 만큼 서둘러 시정하고 사과하기를 바란다고 밝혔다. 다른 의원 역시 외눈은 정상성의 기준으로 제시된 '양 눈'에 대비되는 비정상성의 비유이므로 비하 발언으로 볼 수 있으며, 이에 대한 사과를 촉구한다고 말했다.

이와 관련해 전 법무부 장관은 자신의 페이스북에 재차 글을 올려 문맥을 오독하여 자신의 뜻을 왜곡한 것이라며, 매우 유감스럽다고 대응했다. 또 접두사 '외'의 사전적 의미에는 '혼자인'이라는 뜻도 있지만 '한쪽으로 치우친'이라는 뜻도 있다는 해명을 덧붙였다. 이러한 맥락에서 볼 때, '외눈만 쌍꺼풀이 있다.', '외눈으로 목표물을 겨누다.', '외눈 하나 깜짝 안 하다.' 등의 표현에서 사용된 외눈은 시각 장애인을 지칭한 것이 아니며 장애인 비하는 더더욱 아니라고 주장했다.

2020년에는 방송인 샘 오취리가 어느 고등학교의 졸업 사진에 대한 입장을 밝혀 논란이 되었다. 학생들의 '블랙 페이스' 분장을 문제 삼은 것이다. 블랙 페이스는 흑인이 아닌 배우가 흑인을 흉내 내기 위해 얼굴을 검게 분장하는 것을 뜻한다. 샘 오취리는 흑인들 입장에서 블랙 페이스는 매우 불쾌한 행동이라며 학생들을 비판했다. 처음에는 샘 오취리에게 우호적인 분위기였다. 한국에 사는 소수자로서 할 수 있는, 정당한 비판이라는 의견이 다수였다. 하지만 자신의 인스타그램에 글을 올리는 과정에서 무지하다는 뜻을 지닌 'ignorance'와 케이팝을 비하하는 'teakpop'을 해시태그로 사용한 사실이 알려지면서 역풍을 맞았다. 여론은 순식간에 돌아섰고, 그가 과민 반응을 한다며 비난했다. 더 나아가 "어디서 가르치려고 드냐."라거나 "네 나라로 돌아가라."라는 등의 악성 댓글이 넘쳐났다. 예전에 샘 오취리가 예능 프로그램에서―손가락으로 눈을 양옆으로 찢는―동양인 비하 행동을 했다는 폭로도 나왔다. 결국 샘 오취리가 자신의 행동을 사과하는 것으로 사건은 일단락됐다.

두 사례는 일상에서 접할 수 있는, 다소 애매하게 느껴지는 차별의 사례이다. 애매하다고 느껴지는 이유는 차별 행위라는 점에 대해서는 대체로 의견이 일치하지만, 부당한 차별이라는 점에 대해서는 의견이 갈리기 때문이다. 차별과 부당한 차별은 다르다. 차별이라고 해서 전부 부당한 것은 아닌데, 때로는 사회적 비용이 그 판단을 좌우한다.

예를 들어, 우리나라는 선거에 참여할 수 있는 나이를 만 18세로 규정했고, 술을 합법적으로 구매할 수 있는 나이를 만 19세로 규정했다. 어른보다 판단력도 더 뛰어나고, 간도 더 건강한, 한마디로 훨씬 더 어른스러운 고등학생이 있을 것이다. 그럼에도 나이라는 기준 하나로 자격을 한정하는 것을 두고 부당한 차별이라고 생각하지 않는다. 차별을 함으로써 발생하는 사회적 폐해가 십 대의 판단력이나 성숙도, 알코올 해독 능력을 측정하는 시간적·금전적 투자 비용보다 적다고 보기 때문이다.

부당한 차별의 범위를 설정하는 문제도 쉽지 않다. 예를 들어, 외눈이 차별적 표현이라면 그 누구도 사용해서는 안 될 것이다. 그렇다면 손바닥에서 손가락으로 이어지는 힘줄과 근육이 굳으면서 손이 오그라드는 질환인 뒤피트렌 구축증을 앓고 있는 사람도 있는데, 왜 '손발이 오그라든다.'라는 표현은 허용하는가? 물론 아주 드문 질환이긴 하지만, 그 표현은 그들에게 충분히 불쾌감을 줄 수 있지 않을까? 이 역시 장애인에 대한 차별 발언이고 지양해야 할 표현일까? 답답한 상황에서 흔히 사용하는 '암 걸린다.'라는 표현은 어떤가? 암 환자나 그 가족에게 상처를 줄 수 있지 않을까? '미치겠다.'라는 표현 역시 정신 질환자가 상처를 받지 않을까?

앞서 언급한 블랙 페이스에 대해서도 비슷한 질문이 가능하다. 어떤 상황에서도 블랙 페이스는 금기시되어야 하는 행위일까? 그렇다면 피부색을 검게 칠하는 것만 문제일까, 아니면 흑인의 다른 특성을 묘사하는 것도 문제일까? 이를테면 아프로 헤어스타일을 표현하기 위해 가발을 쓰는 것도 차별 행위일까? 백인이나 아시아인이 흑인 분장을 하는 것이 부당한 차별이라면, 흑인이 백인이나 아시아인으로 분장하는 것도 부당한 차별이 될 수 있을까? 흑인이 백인을 흉내 내기 위해 금발 가발을 쓰는 것이나, 아시아인을 흉내 내기 위해 흑발 가발을 쓰는 것은 어떤가? 아니면 남성이 여성으로 분장하기 위해 긴 머리의 가발을 쓰거나 하이힐을 신는 것은 괜찮은가? 이것이 별 문제가 없어 보인다면, 가슴에 볼륨 패드를 과하게 욱여넣어 특정 신체 부위를 부각하는 것도 괜찮은가?

위의 질문에 대한 답은 각양각색일 것이다. 사람마다 부당한 차별의 범위가 다른 이유는 결국 부당한 차별이 맥락에 좌우되기 때문이다. 같은 발언이라도 장소에 따라 문제가 되지 않을 수도 있고 문제가 될 수도 있다. 결국 핵심은 맥락이다. 해당 발언을 누가, 누구에게, 또 어떤 의도를 가지고 했는지도 꼼꼼히 따져야 한다. 레프 톨스토이Leo Tolstoy의 《안나 카레니나》에는 행복한 가정은 모두 엇비슷하고 불행한 가정은 저마다의 사정으로 불행하다는 구절이 나온다. 이는 차별에도 해당되는 법칙이다. 부당한 차별은 언제나 저마다의 이유로 부당하다.

우리가 부당한 차별이라고 느끼는 데에는 몇 가지 요인이 영향을 미친다. 차별의 맥락을 따질 때 고려해야 하는 가장 중요한 요인이자 첫 번째 요인은 의도이다. 발언이나 발언자의 의도는 무척 중요하다. 추미애 전 장관의 발언에는 애초에 차별을 하려는 의도가 없어 보인다. 의미에 대해 깊게 생각하지 않고 무심코 사용했을 것이다. 샘 오취리가 지적한 블랙 페이스 분장을 한 학생들 역시 그저 모교의 전통의 일환으로 유명 영상을 패러디했을 뿐이었다. 이때 흑인의 외모를 희화화하려는 의도는 없어 보인다. 그렇기 때문에 유명 영상의 주인공 중 한 명인 자민 아이두Benjamin Aidoo도 자신의 SNS에 불쾌감을 표시하지 않고 학생들의 졸업을 축하한다는 내용의 글을 남겼을 것이다.

물론 의도가 없다는 이유만으로 모든 차별에 면죄부가 주어지는 것은 아니다. 추미애 전 장관의 발언에 대해, 한국장애인단체총연맹은 비하할 의도가 없었다고 하지만 듣는 이는 불쾌할 수 있으며, 사회적으로 잘못된 인식을 심화시킬 수 있다고 꼬집었다. 샘 오취리역시 학생들의 의도와 별개로 불편함을 느꼈다. 아무 생각 없이 던진 돌에 누군가는 맞을 수 있는 것처럼, 의도 없이 한 말이나 행동에 누군가는 상처를 받을 수 있다. 실제로 많은 차별적 표현은 일상속에서 악의 없이, 혹은 무의식적으로 발생한다. 그렇기 때문에 의도만으로는 부당한 차별을 판가름하는 데 한계가 있다.

차별의 맥락을 따질 때 고려해야 하는 두 번째 요인은 대상이다. 차별적 발언이나 행동의 대상이 된 사람이 어느 위치에 서 있는지에 따라 맥락이 달라진다. 예를 들어, 타인의 얼굴을 보고 갑자기 웃음을 터뜨리는 것은 대체로 무례한 행위로 인식된다. 하지만 대상에 따라 반응이 완전히 달라질 수도 있다. 평생 잘생겼다는 소리를듣고 살아온 사람이라면, 누군가 자신의 얼굴을 보고 웃음을 터뜨려도 기분 좋게 넘어갈 수 있을 것이다. 어쩌면 호감의 표시로 받아들일지 모른다.

하지만 평소 외모 콤플렉스를 가지고 있는 사람이라면 큰 싸움으로 이어질 수도 있다. 마찬가지로 자연산 민물장어나 다금바리를먹으면서 감격에 겨워 "역시 자연산이 최고야!"라고 소리치는 것은 아무런 문제가 없는 감탄사지만, 전날 안면 윤곽 수술을 마치고 얼굴이 통통 부어 있는 사람과 함께 있다면 의도치 않게 상처를 줄 수도 있다. 차별도 마찬가지다. 차별의 맥락을 따질 때는 대상이 되는 개인이나 그 개인이 속한 집단까지 고려해야 한다.

앞의 두 사례를 다시 살펴보자. 장애인이 사회에서 차별과 핍박을 받아온 소수자 집단이라는 사실을 부정할 사람은 거의 없을 것이다. 그들은 모욕적인 표현에 지속적으로 노출되어 왔다. 장애인에 대한 고정 관념과 편견을 강화할 수 있는 대표적인 용어로 '정신 박약', '벙어리', '귀머거리', '절름발이', '장님' 등이 있다. 흔히 사용하는 말이지만, 사전적 의미를 살펴보면 '낮잡아 이르는 말'이라고 나와 있다.

특히 우리나라의 속담 중 약 2.7퍼센트는 장애인과 관련되어 있는데, 이는 우리나라에만 있는 기이한 현상이다. 예를 들어, '벙어리'는 말을 할 수 없는 상황이나 답답한 상황을 빗댄 표현으로 사용된다. 뿐만 아니라 답답한 사정이 있어도 남에게 말하지 못하고 혼자 애태우는 상황을 표현하는 '벙어리 냉가슴 앓듯'이나 가슴에 맺힌 서러움을 말하지 아니하거나 못하는 사람을 의미하는 '꿀 먹은 벙어리' 등으로 변형되어 사용하기도 한다.

사리 판단을 제대로 하지 못할 때 '눈 뜬 장님'이라고 말하거나, 전체를 보지 못하고 자신이 알고 있는 부분만으로 고집을 부릴 때 '장님 코끼리 만지기'라고 말하는 등 시각 장애인을 지칭하는 '장님'이라는 표현도 자주 변형되어 사용한다. 그 밖에도 내용을 한 번에 알아듣지 못한 상황에 '귀머거리'라는 비유를 사용하고, 균형 잡히지 못하거나 조화롭지 못한 상황에 '절름발이'라는 비유를 사용하는 등 수많은 관용 어구가 일상에서 빈번하게 등장한다. 대다수의 경우에는 장애인을 비하하려는 의도가 없으며, 예전부터 답습해 온 관용 어구이기 때문에 별생각 없이 사용된다. 그러나 장애인은 부정적 의미를 나타내는 비유의 대상이 됨으로써, 자존감에 상처를 입거나 굴욕감을 느낄 수 있다.

역사적으로 혐오와 핍박의 대상이었던 흑인도 사정이 크게 다르지 않다. 19세기 제국주의 시절 미국과 유럽에서 유행한 인종 차별 문화의 잔재인 블랙 페이스는 의도와 상관없이 인종 차별 행위라는 의견이 지배적이다. 블랙 페이스가 오래전부터 지금까지 흑인에 대한 편견을 강화하는 역할을 했기 때문이다. 실제로 미국의 싱크 탱크인 퓨 리서치 센터Pew Research Center가 2019년에 진행한 설문 조사에 의하면, 겨우 6퍼센트의 흑인 답변자만이 핼러윈 데이용 블랙 페이스 분장에 찬성한다고 응답했다.[6]

서구 문화권에서 블랙 페이스가 얼마나 민감한 문제인지 보여주는 대표적인 예로, 프랑스 출신 축구 선수 앙투안 그리즈만Antoine Griezmann의 코스프레 논란이 있다. 그리즈만은 흑인 스포츠 역사에서 중요한 위치를 차지하는 농구 팀 할렘 글로브트로터스Harlem Globetrotters에 대한 존경의 의미를 담아 흑인 농구 선수로 코스프레했다. 이때 피부색까지 검게 칠하는 바람에 거센 비판에 휩싸였고 결국 공개적으로 사과를 했다. 존경의 의미를 표현하려는 순수한 의

도와는 별개로, 그 행위의 대상이 된 흑인이 겪어야 했던 차별의 역사를 따졌을 때 무책임한 행위라는 것이 비판의 요지였다.

차별의 맥락을 따질 때 고려해야 하는 세 번째 요인은 주체다. 차별적 발언이나 행위의 대상이 중요한 만큼, 그 발언이나 행위의 당사자인 주체 또한 중요하다. 영화 〈러시 아워〉에서는 당구장에 간 흑인 형사가 흑인 주인에게 "What's up my nigga?"라고 인사하는 장면이 나온다. 그 모습을 지켜본 아시아인 주인공도—그 말의 의미도 모른 채—똑같이 인사를 한다. 그 결과는 예상한 대로다. 주인은 주인공의 멱살을 잡고, 흑인들이 있던 당구장의 분위기도 순식간에 험악해진다.

'검둥이nigga'는 흑인들끼리만 허용되는 표현이다. 같은 흑인끼리 사용했을 때는 유대감이나 친밀감을 나타내지만, 다른 인종이 사용했을 때는 인종 차별주의적 의미를 가지기 때문이다. 우리나라 래퍼들도 플렉스flex, 허슬hustle, 스웨그swag, 심지어는 마약이나 총기를 가리키는 속어인 블런트blunt나 비스킷biscuit 등의 미국 힙합 용어는 그대로 가져다 쓰지만, 검둥이nigga 는 웬만해서 사용하지 않는다.

전 법무부 장관의 발언이 큰 문제가 된 이유도 이와 무관하지 않다. 여론을 형성할 수 있는 위치에 있는 사람이라면 혹은 유력 언론 매체라면, 공적 영향력이 훨씬 더 클 수밖에 없다. 사회에서 공적 영향력을 행사할 수 있는 주체가 SNS나 공식 행사 등의 공적 영역에서 차별적 발언이나 행위를 하는 것은 일반인이 일상에서 차별적 발언이나 행위를 하는 것과 완전히 다른 차원의 문제이다. 발언이나 행위의 주체가 지닌 사회적 지위나 정체성은 그 발언이나 행위 자체와 완전히 분리될 수 없기 때문이다.

최근 엄청나게 화제가 된 사건이 있다. 여성 코미디언 박나래의 성희롱 논란이다. 그가 출연한 웹 예능에서 남자 인형을 소개하면서 이루어진 수위 높은 발언과 행위가 문제의 시발점이었다. 여기서 주목할 것은 이 논란이 젠더 갈등으로 이어졌다는 점이다. 실제로 박나래를 가장 집요하게 공격한 네티즌의 비판도 '만약 남자 연예인이 박나래와 똑같은 행동을 했다면, 사회적으로 매장당했을 것'이라는 내용이었다. 공격의 초점은 19금 농담의 대상이 된 남성과 그 농담의 주체인 여성에 맞춰져 있었다. 대상과 주체인 남성과 여성의 위치를 뒤바꾸면 전혀 다른 반응이 나왔을 것이라는 가정은 끊임없는 논란을 야기했다. 만약 박나래의 행동을 아무 문제없이 넘긴다면, 그것은 명백한 성차별이라는 주장이 들끓었다.

그러나 이는 적어도 대상과 주체를 제대로 고려하지 않은 접근이다. 실제로 남성 방송인이 박나래와 같은 수위의 농담을 했다면 사회적으로 매장당했을까? 아마 그랬을 것이다. 그러므로 여성에게도 꼭 동일한 기준이 적용되어야 할까? 글쎄, 꼭 그렇다고 볼 수는 없다. 부당한 차별을 구별할 때는 현실을 고려해야 하기 때문이다.

그렇다면 우리의 현실은 무엇일까? 우리는 여성의 23퍼센트가 디지털 공간에서 성적인 학대와 희롱을 겪은 경험이 있고, 리벤지 포르노 피해자의 90퍼센트 이상이 여성이며, 성추행 등 신체 접촉을 동반한 성폭력 피해를 당한 여성이 10명당 2명(남성은 100명당 1명)꼴로 존재하는 세상에서 살고 있다. 이성을 성적으로 대상화하고, 또 이성에게 성적 폭력을 가하는 것은 주로 남성이다. 게다가 성적 욕구를 보다 적나라하고 노골적으로 표출하는 것도 주로 남성이다. 안타깝게도 우리가 직면하고 있는 현실이 그러하다.

이러한 환경에서 남성이 여성을 성적으로 대상화하는 행위에—심지어 그것이 농담일지라도—사회가 더 민감하게 반응하는 것이 그리 이상한 일인가? 남성은 절대 성희롱의 피해자가 될 수 없다고 주장하는 것은 아니다. 반대로 여성은 절대 성희롱의 가해자가 될 수 없다고 주장하는 것도 아니다. 누구나 성폭력의 피해자나 가해자가 될 수 있다. 여기에는 성별의 구분이 없다. 다만 부당한 차별인지 아닌지를 따질 때는 차별적 발언이나 행위의 대상과 주체의 관계를 고려해야 한다. 남성이 여성을 대상으로 하는 성희롱에 더 민감하게 반응하는 것은 부당한 성차별이 아니라, 그저 여성이 남성보다 상대적으로 훨씬 더 자주 성폭력에 노출되는 현실을 반영한 현상일지도 모른다. 이 같은 현실을 고려한다면, 남자 연예인이 똑같은 행동을 했으면 사회적으로 매장당했을 것이라는 이유를 들며 박나래 또한 매장당해야 한다는 평면적인 기준을 적용하지 못할 것이다.

물론 남성에게 더 엄격한 기준이 적용되는 것을 부당한 성차별이라고 볼 수 없다는 의미이지, 박나래의 행동이 적절했다는 의미는 아니다. 그것이 세련되고 위트 있는 농담이었다고 생각하지도 않는다. 실제로 많은 사람이 불편함을 느꼈을 것이다. 하지만 이는 어디까지나 대상과 주체의 문제라기보다 상황의 문제이다.

　차별의 맥락을 따질 때 고려해야 하는 마지막 요인은 상황이다. 상황은 해당 발언이나 행동이 지금, 바로 이 상황에서 적절한지 판별하도록 도와준다. 발언이나 행동에는 의도, 대상, 그리고 주체만으로는 포착할 수 없는 미묘한 차이가 있기 때문이다. 그 차이는 타이밍일 수도 있고, 분위기일 수도 있으며, 표정이나 몸짓일 수도 있다. 예를 들어, 1초만 빨리 말했다면 빵빵 터졌을 유머가 때로는 단 1초 차이 때문에 시시한 유머가 되기도 한다. 편안한 저녁 식사 자리에서는 적절했을 발언이 조금 더 엄숙한 분위기가 맴도는 자리에서는 부적절하고 무례한 발언이 되기도 한다. 어떤 행동에 익살스러운 표정과 몸짓이 가미되면 유쾌한 농담이 되기도 하지만, 자칫 잘못하면 누군가를 불편하게 만드는 선 넘는 농담이 되기도 한다. 이러한 미묘한 차이를 뭉뚱그려 '뉘앙스'라고 하고, 뉘앙스를 잘 포착하는 능력을 가리켜 '센스' 혹은 '눈치'라고 부른다. 박나래의 행동은 이러한 부분을 제대로 고려하지 못해 발생한 것인지도 모른다.

　정리하자면, 부당한 차별을 구별할 때는 그 발언이나 행동에 의도Intent가 있는지, 대상Target과 주체Subject가 누구인지, 그리고 적절한 상황Here인지를 고려해야 한다. 각 요인의 앞 글자를 따면 'HITS'라는 두문자어를 만들 수 있다. 네 가지 요인을 모두 충족시키는 것은 상대방을 아프게 때리는hits 질이 나쁜 차별이라고 이해하면 외우기 쉽다.

차별의 맥락을 일일이 다 따지면, 피곤해서 어떻게 사느냐고 되물을 수 있다. 일리가 있는 말이다. 이는 일상에서 많은 정신적·육체적 에너지를 소모하게 만들기 때문에, 대다수의 사람은 본능적으로 이러한 수고와 고통을 줄이고 싶어 한다. 다층적이고 가변적인 차별의 맥락을 고려하기보다는 지름길을 택하고 싶어 한다. 더 쉽고 직관적이기 때문이다. 그래서 우리는 너에게 차별인 것은 나에게도 차별인 것이고, 예전에 옳았던 것은 지금도 옳은 것이며, 여기서 불쾌한 것은 저기서도 불쾌한 것이라는 등의 단편적이고도 기계적인 접근을 선호한다. 이로써 차별을 단순화하며, 차별의 맥락을 고려하지 않은 일관된 기준을 적용하는 오류를 범한다.

하지만 차별은 그리 단순하고 평면적이기만 한 것은 아니다. 차별을 일차원적으로만 접근한다면, 부당한 차별의 기준에 대한 논란만 부추길 뿐이다. 결국 남는 것은 혼란과 갈등이다. 이로 인해 차별을 당한 사람은 있는데 차별을 한 사람은 없거나, 반대로 차별을 한 사람은 없는데 차별을 당한 사람은 있는 상황이 등장하게 된다. 우리가 해야 할 일은 차별의 복잡성을 외면하거나 단순화하는 것이 아니라, 그 복잡성을 직시하는 것이다. 부당한 차별을 구별하는 작업은 그래서 늘 까다로울 수밖에 없다.

──── 차별을 한 게 죄는 아니잖아!

살면서 꼴 보기 싫은 행동을 목격한 적이 있을 것이다. 직접 부조리를 경험한 적도 있을 것이다. 그중에는 새치기와 같이 가볍게 넘길 만한 것도 있겠지만, 가스라이팅이나 연인의 외도처럼 시간이 지나도 좀처럼 잊히지 않는 것도 있다. 뉴스에서는 항상 부당과 부정에 대한 소식이 흘러나온다. 하루도 빠지지 않고 갑질, 횡령, 부정부패 등의 소식이 우박처럼 쏟아지는 것이다. 일상을 둘러보아도, 부당한 일은 마치 공기처럼 우리 주변을 구석구석 둘러싸고 있다.

부당하거나 비난받을 만한 행동을 접했을 때, 우리는 자연스럽게 그에 상응하는 처벌에 대해 생각하기 마련이다. 더군다나 우리나라는 도덕주의 정서가 아주 강하다. 부도덕한 사람을 처벌하는 것은 옳은 일일 뿐만 아니라, 그렇게 하지 않는 것은 굉장히 정의롭지 못한 일이라고 여긴다. 그래서인지 천벌이 내려질 것이라는 저주 혹은 경고도 흔하게 접할 수 있다. '벼락 맞을 놈'이나 '벼력을 입을 놈'도 비슷한 의미의 표현이고, '사필귀정'이나 '인과응보'도 비슷한 맥락의 표현이다. 물론 바람과 달리, 나쁜 사람만 골라 천벌이 내려지는 경우는 거의 없다.

천벌에 기댈 수 없어서인지, 우리나라에서는 도덕적으로 비난받을 행동을 하면 그것을 법적으로 처벌해야 한다는 정서가 지배적이다. 위기에 처한 시민을 보고 아무도 도움을 주지 않아 그 시민이 사망에 이르는 사건이 발생하자, 위기에 처한 시민을 방치하는 행위 역시 형사 처벌을 받아야 한다는 주장이 한동안 힘을 얻었다. 최근에는 구조 요청이 있었음에도, 가능한 구조 행위를 하지 않은 사람에게 1년 이하의 징역 또는 1000만 원 이하의 벌금을 부과하는 내용이 담긴 형법 일부 개정안이 발의되기도 했다.

도무지 출처를 알 수 없는 건축 양식의 러브호텔이 우후죽순 생겨나며 도시의 품격과 미관을 오염시키자, 행정력을 동원해서라도 러브호텔 주차장의 비닐 커튼을 걷어내야 한다는 시위가 연일 벌어진 적도 있다. 물론 어느 드라마 대사처럼 사랑에 빠진 것이 죄는 아니기에, 러브호텔 주차장의 비닐 커튼이 공권력에 의해 무참히 찢겨 나가는 일은 일어나지 않았다. 그 대사를 유행시킨 드라마가 한창 방영된 시기에는 불륜에 대한 반감 때문에, 간통죄를 부활시켜 달라는 요청이 봄철 산불처럼 청와대 국민청원 게시판을 한바탕 휩쓸고 지나갔다. 이 밖에도 공분을 불러일으킬 만한 부도덕한 행동이 사회적 이슈가 될 때면, 이를 법적으로 처벌해야 한다는 목소리도 어김없이 높아졌다.

위기에 처한 시민을 못 본 척하는 행위나 배우자의 불륜 행각이 바람직하다고 생각하는 사람은 아무도 없다. 이는 분노를 일으키는 파렴치한 행위이다. 하지만 모든 몰상식한 행위를 국가가 나서서 일일이 다 처벌할 수는 없다. 그랬다가는 처벌 대상의 범위가 걷잡을 수 없이 넓어질 것이다. 염치없는 행위, 혹은 얌체 같은 행위를 전부 다 법적으로 처벌할 수 없다. 부당한 것과 불법인 것은 다르기 때문이다. 부당한 행위를 모두 법적으로 처벌하는 것은 법의 규범력을 무너뜨릴 뿐만 아니라 엄벌주의 국가로 이어질 수도 있다.

도덕주의자는 처벌 대상의 범위가 넓어진다면, 사회가 산들바람이 부는 에덴동산이 될 것이라고 생각할지도 모르겠다. 하지만 이는 얄팍한 생각일 뿐이다. 오히려 풀 한 포기 없는 황야가 될 가능성이 더 높다. 버트런드 러셀Bertrand Russell의 말처럼, 훌륭한 양심을 가지고 잔인한 고통을 가하는 것은 때로 사회를 지옥으로 만들 수도 있기 때문이다.

물론 인간은 사회적 동물이기 때문에 통제를 통해 집단의 질서를 유지하려는 욕구를 가지고 있다. 하지만 질서를 유지하기 위해 모든 행위에 법이라는 잣대를 들이댈 필요는 없다. 가벼운 감기에 걸릴 때마다 병원에 가서 독한 약을 처방받거나 주사를 맞을 필요가 없는 것과 마찬가지다. 법은 사회의 질서를 유지하기 위한 몇 가지 장치 중 하나에 불과하고, 불법화는 가장 마지막에 등장해야 하는 최후의 수단이다. 불법화는 아주 예외적인 영역에만 적용되어야 한다. 그 외의 영역은 법이 아닌 다른 장치로도 충분히 통제가 가능할 뿐만 아니라, 오히려 그 편이 더 바람직하다.

사회를 유용하게 통제할 수 있는 장치 중 하나는 예의다. 예의는 암묵적으로 공유되는 사회적 규범을 의미한다. 법이 강제력이 있는 장치라면, 예의는 보다 부드럽고 유연한 장치다. 대부분의 사람은 사회화 과정에서 별다른 노력 없이 예의를 내면화한다. 공공장소에서 너무 크게 떠들면 안 된다거나, 가까운 이를 잃은 사람에게는 애도의 말을 전하는 것은 예의이자 사회적 규범이며, 일종의 상식이다.

물론 예의에 어긋나는, 한마디로 상식에서 벗어난 사람은 어디에나 존재한다. 하지만 이들에게 법적 처벌을 내리지는 않는다. 공권력이나 복잡한 재판 절차가 필요 없는 사회적 징계를 내릴 뿐이다. 싸늘한 눈빛이나 경멸스럽다는 표정, 은근한 수군거림도 일종의 사회적 징계가 될 수 있다. 이는 막말이나 새치기 같은 파렴치한 짓을 일삼는 사람에게 가할 수 있는 간단하면서도, 아주 효과적인 압박 수단일 것이다. 관계 속에서 살아가는 인간의 특성상 사회적 징계로부터 완전히 초연할 수 있는 사람은 거의 없기 때문이다.

─────── **공과 사, 그 사이에서**

차별도 마찬가지다. 비난받을 만한 차별이 늘 법적으로 제재받을 만한 차별이 되는 것은 아니다. 그렇다면 법적으로 제재를 받을 수 있는 차별은 무엇이며, 그 차이를 만들어내는 것은 무엇일까? 차별을 금지하는 법안으로는 '차별금지법'이 있다. 미국의 경우에는 '민권법'이 차별금지법의 역할을 수행하며 독일의 경우에는 '평등대우법'이 이에 해당한다. 미국과 독일을 포함한 많은 국가가 법률을 통해 차별 행위를 규제하고 있다. 국가마다 차이는 존재하지만, 대체로 차별을 금지하는 법률은 그 범위와 목적이 제한적이다. 차별금지법의 범위를 간단하게 요약하자면 크게 세 가지 질문으로 압축된다. 첫째, 차별금지법이 적용되는 영역은 어디인가? 둘째, 차별금지법이 적용되는 대상은 누구인가? 셋째, 차별금지법이 적용되는 이유는 무엇인가?

우선 차별금지법이 적용되는 영역에 대해 살펴보자. 일상에서 발생하는 차별에는 법적으로 제재하기 애매한 면이 있다. 이러한 망설임은 사회에 이미 깊숙이 자리 잡은 자유주의 사상에 기반한다. 그러나 자유주의는 개인의 자유만을 맹목적으로 추구하는 사상도 아니고, 무조건적으로 차별을 용인하는 사상은 더더욱 아니다. 오히려 개인을 성별이나 인종과 같은 특성으로 차별하는 데 단호하게 반대한다. 자유주의는 인격, 존엄성, 인권에 있어 모든 사람은 완전히 평등하다는 만인 평등의 원리를 기본 전제로 두고 있다. 다만 개인에게는 국가가 간섭할 수 없는 불가침적 자유가 있다고도 믿기 때문에, 공적 영역이 아닌 사적 영역에서 이루어지는 개인의 차별적인 발언이나 선호를 국가가 간섭해서는 안 된다는 입장을 취할 뿐이다.

여기서 주목해야 할 것은 사적 영역과 공적 영역의 구분이다. 우리는 단순한 사적 관계가 아닌, 상사나 인사 담당자 등 공적 관계에서 이루어지는 차별에 더 민감하게 반응할 수밖에 없다. 고용상의 차별이 일상의 차별과 다르게 느껴지는 이유는 그것이 사적 차별이 아닌 공적 차별에 해당하기 때문이다. 공적 영역에서 발생하는 차별은 사적 영역 발생하는 차별보다 상대적으로 폐해가 더 크다.

2021년 4월, 한 편의점주가 온라인 구인 사이트에 올린 아르바이트생 채용 공고에 '페미니스트가 아닌 자'라는 조건이 내걸렸다. 또 여성 혐오 표현을 드러내며 '오또케오또케' 하는 사람은 지원하지 말라고도 했다. 이는 엄청난 논란을 불러일으켰는데, 단순 해프닝이 아니라 사회적 논란으로 번진 이유 중 하나는 해당 채용 공고가 여성에게 고용상의 불이익을 주었기 때문이다. 반면 데이팅 앱이나 소개팅 자리에서는 페미니스트 여성에 대한 반감을 표현하는 것이 엄청난 사회적 논란으로 번지거나 기사화되지는 않을 것이다. 물론 어디까지나 사회적으로 문제가 될 일이 없다는 소리지, 개인적으로는 평생 싱글로 살게 될 확률이 높다.

같은 말이고 또 같은 차별인데, 법적 제재의 차이가 발생하는 이유는 사적 영역과 공적 영역이 다르기 때문이다. 데이팅 앱이나 소개팅 자리 등 사적 영역에서 발생하는 차별 행위는 삶이나 일상에 큰 지장을 주지 않는다. 맞받아치거나, 똥 밟았다고 생각하고 무시해도 그만이다. 하지만 채용 공고 등 공적 영역에서 발생하는 차별 행위는 엄연히 다르다.

실제로 면접관이나 직장 상사가 가하는 차별 행위에는 많은 문제가 있다. 우선 고용 관계에서 지원자나 직원은 대개 을의 위치에 있기 때문에, 면접관이나 직장 상사와의 관계가 수평적이지 않다. 그렇기 때문에 마음에 안 든다고 갑자기 자리를 박차고 나가거나 충동적으로 사직서를 내는 것도 쉽지 않다. 또 일을 한다는 것은 사회의 구성원으로 살아가는 데 있어―필수적이라고 할 수는 없어도―아주 중요한 요소이다. 사회적 통념상 고용 상태는 사회 구성원으로서 인정받고 기능하기 위한 일종의 자격이다. 그게 아니라면, 무려 백만 명에 육박하는 취업 준비자가 불철주야하며 기를 쓰고 취업에 매달리지 않았을 것이다. 그렇기 때문에 고용 분야에서 발생하는 차별과 불이익은 대상에게 단순한 심리적 불쾌감을 주는 것을 넘어서 실제적 불리함을 주는 행위라고 할 수 있다.

고용 분야뿐만 아니라, 교육, 행정 서비스도 마찬가지다. 일을 하며 수입을 얻는 것과 마찬가지로, 교육을 받거나 행정 서비스를 이용하는 것은 사회 구성원으로 살아가는 데 있어 자격을 얻는 것과 직결되는 문제이다. 그렇기 때문에 이러한 영역에서 차별을 받아 접근권을 차단당하는 것은 단순히 기분 나쁜 차별을 경험한 것으로 끝나지 않는다. 그 사회에 소속되어 생활할 수 있는 자격 자체를 박탈당하는 행위나 다름없다. 개인적 차원의 차별이 아닌 사회적 차원의 차별인 것이다.

법철학자 로널드 드워킨Ronald Dworkin은 평등의 원칙을 위해 개인의 취향과 표현의 자유가 억압되는 것은 상상만으로도 공포스럽다고 밝히면서도, 적어도 고용, 교육, 주거와 같은 영역에서는 자유가 평등의 원칙에 어느 정도 제한되어야 한다고 말했다. 고용, 재화와 용역, 교육, 그리고 행정 서비스상에서 차별이 금지되어야 하는 이유는 이러한 영역에서 발생하는 차별이 기본적 인권의 박탈과 연결되기 때문이다.

공적 차별이 사적 차별에 비해 폐해가 크다는 사실은 분명해 보인다. 그렇다면 공적 차별에 해당되기만 한다면 무조건 법적으로 제재를 받아야 하는 것일까? 단도직입적으로 말하자면, 꼭 그렇다고 볼 수 없다. 차별금지법은 영역뿐만 아니라 그 적용 대상에도 제한을 두기 때문이다.

우리나라에서 혈액형에 대한 질문을 받아보지 않은 사람은 없을 것이다. 나 역시 내 혈액형은 물론이고 가까운 지인의 혈액형까지도 얼추 파악하고 있다. 혈액형은 적혈구의 세포막에 있는 항원의 조합에 따라서 혈액을 분류하는 방식이다. 오스트리아의 병리학자 카를 란트슈타이너Karl Landsteiner가 최초로 개념을 정리했으며, 그 공로를 인정받아 노벨 생리 의학상까지 받았다. 그만큼 혈액형은 면역학이나 수혈 의학 분야에서 실용성을 상당히 인정받았다.

반면 혈액형이 아무런 쓸모가 없을 때도 있다. 다름 아닌 사람의 성격을 판단할 때다. 실제로 과학자들은 아주 오래전에 혈액형과 성격을 연관시킬 수 있는 과학적 근거가 부족하다고 결론지었다. 게다가 혈액형은 크게 나누어서 A형, B형, O형, AB형으로 구분되는 것이지, 엄밀히 따지면 그 종류만 해도 수백 가지가 넘는다. 물론 개인별 조합까지 고려하면 그보다 더 많은 조합이 나온다. 혈액형이 동일한 일란성 쌍둥이도 대부분 성격이 다르고, 심지어 한 종류의 혈액형만 가진 민족도 있다. 그러므로 혈액형으로 성격을 판단하는 일은 비과학적이다. 뿐만 아니라 모순으로 가득한 세상을 극도로 단순화하는, 그야말로 모순적인 시선이라고 할 수 있다.

그럼에도 우리나라와 일본에서는 한때 혈액형으로 사람의 성격이나 성향을 파악할 수 있다고 믿었다. 물론 이를 재미로만 소비한다면 혹은 개인 관계에서만 영향을 미친다면, 크게 문제 될 것이 없다. 그러나 혈액형으로 인해 직장이나 공공 서비스와 같은 영역에서 차별을 당한다면 문제가 달라진다. 이와 같은 차별은 그 피해가 분명한 공적 영역에서의 사회적 차별이다. 과학적 근거가 없는 불합리한 차별이기도 하다. 그럼에도 불구하고 사회에서 혈액형 차별이 법적 제재 대상이 될 가능성은 그리 높지 않다. 적어도 현재로서는 말이다. 여기에서도 맥락이 중요하다.

여러 국가의 차별금지법을 각각 살펴보면, 법적으로 제재하고 있는 차별의 대상이 천차만별이라는 사실을 알 수 있다. 어떤 국가에서는 대상 범위가 마치 주차 공간처럼 좁은 반면, 어떤 국가에서는 대상 범위가 마치 8차선 도로만큼 넓다. 미국의 경우에는 대상 범위가 주와 도시마다 다 다르다. 텍사스는 차별금지법의 대상이 7가지에 불과하지만, 뉴욕은 20가지가 넘는다.

각양각색으로 보이는 차별금지법의 대상 기준에도 한 가지 공통점이 있다. 차별금지법의 대상이 인간의 존엄성에 대한 인식과 직간접적으로 연결되어야 한다는 점이다. 특정 차별이 인간의 존엄성을 훼손하는지에 대한 여부는 그 사회의 역사적·문화적 맥락에 좌우된다.

인간은 자신이 태어났거나 자라온 곳의 역사적·문화적 영향을 벗어나기 어렵다. 이를테면 미국에서 태어나고 자란 사람은 포크로도 라면을 잘 먹을 뿐만 아니라, 김치가 없어도 허전함을 느끼지 못한다. 하지만 대한민국에서 태어나고 자란 사람은 김치 없이 라면을 먹는 것이 상상되지 않을 수도 있다. 또 미국에서는 나이가 지긋한 어른 앞에서 짝다리를 짚거나 주머니에 손을 넣는 행동이 문제가 되지 않는다. 하지만 대한민국에서는 버르장머리 없는 행동으로 인식된다.

역사적·문화적 영향은 김치나 짝다리 따위의 문제에만 머무르지 않는다. 때때로 특정 인종, 종교, 성별에 대한 반감이나 혐오감으로 이어지기도 한다. 사람은 자신이 목격하거나 경험한 편견과 차별을 그대로 내면화하고, 그만큼 쉽게 합리화한다. 게다가 자신이 살아가는 시대의 사고방식에서 벗어나는 것은 무척 어려운 일이다. 시대를 앞서간 천재라고 칭송받은 수많은 과학자나 사상가조차 자신이 살아가는 시대의 사고방식을 완전히 극복하지 못했다.

근대 이론 과학의 아버지로 평가받는 아이작 뉴턴Isaac Newton은 연금술 연구에 매진해 중금속을 맛보다 중금속에 중독될 뻔했다. 그때는 과학이 종교로부터 완전히 분리되기 전이었기 때문이다. 심지어 미국의 민주주의를 대변하고 독립 선언서를 작성한 토머스 제퍼슨Thomas Jefferson 역시 당시 당연한 관습이었던 노예제에 의문을 제기하지 못했다. 또한 과거에는 성별이나 부, 혹은 피부색으로 인해 투표권이 주어졌음에도 문제를 지적하는 지식인이 없었다. 그저 시대적 현실과 사회적 분위기가 반영된 자연스러운 사고방식을 고수할 뿐이었다. 그러한 생각이나 가치는 결국 자연스럽게 다음 세대로 이어졌다.

편견과 차별의 악순환도 마찬가지일 것이다. 우리는 인간이 얼마나 쉽게 사회적 편견을 내면화하는지, 또 고착화된 편견이 제도화되었을 때 이를 개선하는 것이 얼마나 어려운지 알고 있다. 성별, 나이, 인종, 국적, 피부색, 출신 지역, 장애, 그리고 성 정체성 등이 차별금지법의 법적 제재 대상에 포함되어 있는 이유는 이러한 특성으로 인해 촉발된 차별과 핍박의 역사가 명백하기 때문이다. 그리고 이로 인해 발생되는 피해가 여전히 현재 진행형이기 때문이다.

반면 혈액형이 차별금지법의 법적 제재 대상에 포함되기 어려운 이유는 혈액형에는 역사적·문화적 차별의 맥락이 없기 때문이다. 어쩌면 B형 남자는 억울하다고 항변할지 모르겠으나, 어쨌거나 혈액형 때문에 기본적 인권을 박탈당한 경험이 실재한다고 보기는 어렵다.

물론 문화나 사회는 끊임없이 변한다. 그렇기 때문에 차별금지법의 법적 제재 대상은 언제나 잠정적이고 불완전하다. 그런 날이 오리라고 상상하고 싶지는 않지만, 언젠가는 혈액형이나 별자리, MBTI가 차별금지법의 법적 제재 대상에 포함되어야 할 수도 있다. 문제는 차별금지법의 대상의 범위가 늘 일정하게 유지되는가가 아니다. 핵심은 그 판단 기준이 늘 일관적으로 적용되는가이다.

─────── **차별에 대응하는 자세**

이제 빅뱅처럼 이 모든 질문을 촉발시킨 태초의 질문, '과연 외모 차별은 법적으로 금지되어야 할 차별인가?'라는 물음으로 돌아올 차례이다. 너무 돌고 돌아, 애초에 이 질문에서 모든 것이 시작되었다는 사실조차 기억이 나지 않을 수도 있다. 하지만 괜찮다. 좋은 질문은 대개 거기서 끝나는 것이 아니라, 수많은 다른 질문을 파생시키기 마련이다. 그리고 그 과정에서 종종 새로운 관점을 발견하기도 한다.

이번 장에서 우리는 차별과 부당한 차별의 경계, 그리고 부당한 차별과 불법인 차별의 경계를 살펴보았다. 이로써 세상에는 불량한 차별만큼이나 그 경계가 애매한 차별도 많으며, 애매한 차별이 부당한 차별인지 아닌지를 판별하는 것은 무척 복잡하고 까다로운 작업이라는 사실을 알게 되었다. 또한 부당한 차별을 넘어 불법인 차별로 규정하기 위해서는 더 까다로운 조건이 성립되어야 한다는 사실 역시 알게 되었다. 정말 마지막 질문만 남았다. 외모 차별이 법적으로 금지되어야 할 차별인가?

이에 대한 답을 확신할 수 있다면(혹은 별 관심이 없다면), 다음 장까지 보지 않고 여기서 이 책을 덮어도 될 것이다. 어쩌면 외모 차별이 부당한 차별이라는 사실도 이해하고 법적으로 제재를 받을 만한 불법인 차별이라는 사실도 이해하지만, 선뜻 외모가 차별금지법의 법적 제재 대상에 포함되어야 한다는 주장에 동의하기가 망설여질 수도 있다. 그렇다면 다음 장이 실마리를 제공해 줄 수 있을 것이다. 헨리 데이비드 소로Henry David Thoreau는 다음과 같이 말했다. "어떤 문제는 아주 오랜 시간 들여다봐야만 제대로 볼 수 있다." 차별에 대한 답을 찾는 과정 역시 꽤나 길고 복잡하다.

5

가장 합리적인 선택

"만약 법이 그렇게 추정한다면," 범블 씨가 두 손으로 모자를 쥐어짜면서 말을 이었다. "법은 멍청이에 엉터리요. 그게 법의 눈이라면 법은 노총각일 거요. 자고로, 그 눈이라는 건 경험에 의해 떠지는 거라고, 경험 말이야. 뭐든 겪어봐야 아는 거지, 아무렴."

찰스 디킨스, 《올리버 트위스트》 중에서

'한편으로는on the one hand, (…) 다른 한편으로는on the other hand'이라는 미국식 표현이 있다. 주로 두 가지 입장을 제시하거나 두 가지 상황 사이에서 고민할 때 쓰는 표현이다. 이를테면 '한편으로는 프리랜서로 누리는 자율성도 좋지만, 다른 한편으로는 정규직으로서 느끼는 안정감도 원한다.' 또는 '한편으로는 이번 주말에 짧게 여행이라도 다녀오고 싶지만, 다른 한편으로는 다음 주 업무에 대비해 집에서 푹 쉬고 싶다.' 등으로 쓰인다. 문장을 '한편으로는'으로 시작한 이상, 무조건 '다른 한편으로는'으로 마무리해야 한다. 그렇지 않으면—적어도 문법상으로는—반쪽짜리 문장이 된다.

나 또한 이 표현을 자주 쓰는데, 특히 일을 할 때는 거의 입에 달고 산다. 상사가 승소 가능성에 대해 물어볼 때면 항상 "한편으로는 이러이러한 이유 때문에 승소할 것 같으나, 다른 한편으로는 이러이러한 이유 때문에 패소할 것 같습니다."라고 답하는 편이다. 미리 빠져나갈 구멍을 만드는 셈이다. 그게 무슨 소리냐고 추궁을 당하면, 그제야 내 의견을 이야기한다. 물론 이때도 승소 가능성을 80퍼센트 이상으로 두지 않는다. 조심스러운 성격 탓인지, 아니면 직업적 특성 때문인지는 모르겠다. 한편으로는 성격 때문인 것 같고, 다른 한편으로는 직업적 특성 때문인 것 같다.

신중을 기하는 것이 나쁠 것 없다지만, 사람들은 여러 가지 가능성을 염두에 두는 화법을 대체로 싫어한다. 인기 유튜버나 증권사의 간판 애널리스트 중에는 이러한 화법을 구사하는 사람이 없다.

대개 말 속에 확신이 가득 차 있으며, 결과를 예측하거나 원인을 추측하는 데 거침이 없다. 사람들은 여러 가지 가능성을 제시하기보다 한 가지 명쾌한 해답을 제시하는 화법에 열광한다. 속이 뻥 뚫리는 듯한 느낌을 받는 탓도 있지만, 무엇보다 마음이 편해지기 때문일 것이다. 얼마나 편해지는지, 실제로 전문가의 조언을 접했을 때 뇌는 독립적인 의사 결정을 담당하는 기능을 아예 멈추기도 한다.

여러 의견을 받아들인다는 것은 그중에서 한 가지를 선택해야 한다는 의미이기도 하다. 능동적 결정권자로서 스스로가 판단을 내려야 하는 것이다. 쇼펜하우어Schopenhauer는 스스로 생각해서 해답을 내놓는 것이 100배 더 가치 있는 일이라고 말했지만, 사실 능동적인 결정은 아주 피곤한 일이다. 복잡한 이면과 원인을 살펴야 하고, 온갖 변수까지 따져야 하기 때문이다. 반면 전문가가 한 가지 선택지만 제시한다면 굳이 수고를 더할 필요가 없어진다. 그저 편하게 받아들이기만 하면 되기 때문에, 결정에 대한 부담도 덜다.

사회 과학 분야에서는 자연 과학 분야에서 통용되는 질량 보존의 법칙이나 오일러 등식과 같은 법칙이나 공식이 존재하지 않는다. 사회 현상과 인간의 행동은 쉽게 예측할 수 있는 것이 아니며, 이를 일반화하는 것은 불가능에 가깝기 때문이다. 이러한 이유로 경제학자들은 늘 유보적인 입장을 취하는 것으로 알려져 있다. 오죽했으면 미국의 트루먼 대통령은 어떤 입장을 말하고 나서 꼭 "다른 한편으로는(on the other hand)"이라는 말과 함께 반대 입장을 덧붙이는 경제학자들에게 신물이 나서 '손이 하나인 경제학자'를 애타게 찾았다고 한다. 그런 면에서《국부론》의 저자이자 경제학의 아버지로 일컬어지는 아담 스미스Adam Smith는 경제학자답지 않은 경제학자였다. "개인적 이익 추구는 사회적 공동선으로 이어진다."에서부터 "위대한 부가 있는 곳에는 위대한 불평등이 있다."에 이르기까지, 그가 남긴 말은 하나같이 간결하고 명료했다. 힘이 넘치고 군더더기가 없는 화법은 한편으로는 경제학자답지 않았지만, 다른 한편으로는 아주 경제적이었다.

─────── **합리적인 사람**

스미스는 생전에 중요한 말을 많이 남겼는데, 그중에서 가장 중요한 말을 꼽으라면 "모든 인간은 이기적이고 합리적이다."일 것이다. 인간의 이기심과 합리성이 시장을 움직이는 힘이라는 통찰이 담긴 의미로, 이는 고전 경제학의 초석이 되었다. 수 세기 동안 자본 시장을 굳건히 지탱해 온 전제였다.

　인간의 합리성에 대한 믿음이 흔들리기 시작한 것은 비교적 최근의 일이다. 그 포문을 연 개념은 1956년 허버트 사이먼Herbert Simon이 제시한 '제한된 합리성'이다. 그는 논문을 통해 정보의 부족과 인지 능력의 한계, 물리적·시간적 제약 등의 이유로 인간은 전체적으로 합리적이지 않고 부분적으로 합리적이라고 주장했다. 사이먼에게 영향을 받은 프린스턴 대학교 교수 대니얼 카너먼Daniel Kahneman 도 인간의 생각과 행동은 다분히 편의적이고 즉흥적이며 충동적이라고 주장했다. 또 인간이 아무리 합리적이라고 할지라도 불확실한 미래를 예측하는 데 한계가 있으며, 불확실한 상황에서는 합리적인 선택을 기대하기 어렵다고도 주장했다.

인간의 합리성에 대한 가정은 경제학에서만 유효한 것이 아니다. 법학에서도 인간의 합리성에 대한 가정이 중요하다. 미국법에는 '합리적인 사람'이라는 개념이 있다. 불법행위법상에서 과실을 따질 때, 즉 특정 사람이 특정 상황에서 법적 의무를 다했는지 판단할 때 이 개념을 기준으로 삼는다.

예를 들어, 운전수 A씨가 있다고 가정하자. 보스턴에서 뉴욕까지 물이 가득 찬 탱크를 싣고 운전을 하다가 도중에 탱크에서 물이 줄줄 새 도로에 흘렀다. 그가 탱크를 잠그는 과정에서 약간의 실수를 범했기 때문이었다. 여기 또 다른 운전수 B씨가 있다고 가정하자. 그 역시 탱크를 잠그는 과정에서 실수를 범해 보스턴에서 뉴욕까지 운전을 하는 동안 탱크에서 유독성 폐기물이 줄줄 새 도로에 흘렀다.

A씨와 B씨는 모두 부주의로 인해 과실을 저질렀고, 이로 인해 피해가 발생했다. 하지만 A씨와 B씨의 잘못을 동일 선상에 놓고 따지는 사람은 없을 것이다. 모든 사람이 B씨에게 더 엄중한 처벌을 내려야 한다고 생각할 것이다. 이유는 단순하다. 물은 유해 물질이 아

니지만, 유독성 폐기물은 유해 물질이기 때문이다. 물이 도로에 흘렀을 때보다 유독성 폐기물이 도로에 흘렀을 때 발생할 수 있는 피해가 훨씬 크므로, 유독성 폐기물을 다룰 때 특별히 더 조심해야 한다고 느낄 수밖에 없다.

만약 이 사고가 발생한 시기가 겨울이라면 어땠을까. 이때는 A씨에게도 B씨와 비슷하거나, 아니면 적어도 전보다는 더 엄격한 기준이 적용되어야 한다고 생각할 것이다. 봄이나 여름에는 도로에 물이 흘러도 큰 피해가 발생되지 않을 가능성이 높지만, 물이 얼 정도로 추운 겨울에는 도로에 물이 흐르면 대형 사고로 이어질 수 있기 때문이다. 그 밖에도 이동 거리나 도로 상태, 혹은 비교적 한산한 새벽 시간대인지 아니면 차량의 통행량이 많은 오후 시간대인지, 시야 확보가 어려운 밤 시간대인지 등에 따라 판단이 달라질 수 있다.

수많은 변수와 시시각각 변동하는 상황에 맞는 수만 가지 기준을 미리 정해둘 수는 없는 일이다. 그렇기 때문에 '합리적인 사람'이라는 기준을 정한 것이다. 이때 합리적인 사람은 가상의 인물이다. 이는 벤자민 프랭클린Benjamin Franklin 이나 에이브러햄 링컨Abraham Lincoln 처럼 미국 역사상 가장 합리적인 위인을 토대로 만들어진 개념이 아니기 때문에, 엄청나게 합리적인 사고를 해야 한다는 의미는 아니다. 독립 전쟁이나 남북 전쟁 등 국운이 걸린 절체절명의 순간이나 일상에서 겪을 수 있는 긴급 상황에서 모두가 납득할 만한 합리적인 결정을 내려야 한다는 의미도 아니다.

합리적인 사람의 기준에 부합하기 위해서는 '적당히' 합리적이면 된다. 다른 말로 표현하자면, 그저 보통의 사람이면 충분하다. 다만 신중하고 합리적인 행동을 해야 할 의무가 있다. 비가 내리는 날에는 평소보다 낮은 속도로 차를 운행하고, 세 살짜리 아이를 돌볼 때는 주위를 세심하게 살피며, 산꼭대기에서는 상대방을 놀라게 만들거나 뜬금없이 닭싸움을 하는 등의 바보 같은 장난을 치지 않는 것이 그 예이다. 상당히 애매모호한 기준이지만 그리 복잡한 기준도 아니다. 상식적인 범위 내에서만 행동하면 된다.

인간의 합리성에 대한 이야기를 계속 이어나가는 이유가 여기에 있다. 차별금지법은 모든 종류의 차별을 금지하지 않는다. 차별금지법의 범위는 그보다 더 제한적이다. 이제 차별금지법이 적용되는 이유에 대해 살펴볼 차례이다. 이때 가장 중요하게 고려되어야 할 것이 합리성이다. 차별금지법은 합리적인 이유가 있는 차별에는 적용되지 않기 때문이다.

——— 특성이 자격이 될 때

2020년 '차별금지법안'이 발의되었고 2021년 '평등에 관한 법률안'이 발의되었다. 우선 차별금지법안은 차별을 다음과 같이 정의한다. "합리적인 이유 없이 성별, 장애, 나이, 언어, 출신국가, 출신민족, 인종, 국적, 피부색, 출신지역, 용모 등 신체조건, 혼인여부, 임신 또는 출산, 가족 및 가구의 형태와 상황, 종교, 사상 또는 정치적 의견, 형의 효력이 실효된 전과, 성적지향, 성별정체성, 학력學歷, 고용형태, 병력 또는 건강상태, 사회적신분 등(이하 "성별등"이라 한다)을 이유로 다음 각 호의 어느 하나의 영역에서 특정 개인이나 집단을 분리·구별·제한·배제·거부하거나 불리하게 대우하는 행위."[1]

다음으로 평등에 관한 법률안은 차별을 다음과 같이 정의한다. "고용, 재화 용역의 공급이나 이용, 교육, 공공서비스의 제공 이용 등 모든 영역에 있어서 정당한 이유 없이 성별, 장애, 병력病歷, 나이, 출신국가, 출신민족, 인종, 피부색, 출신 지역, 용모·유전정보 등 신체조건, 혼인여부, 임신 또는 출산, 가족 형태 및 가족상황, 종교, 사상 또는 정치적 의견, 전과, 성적지향, 성별 정체성, 학력學歷, 고용형태, 사회적신분 등(이하 "성별등"이라 한다) 어떠한 사유로도 개인이나 집단을 분리·구별·제한·배제하거나 불리하게 대우하는 행위."[2]

두 법안에는 작은 차이가 있지만, 불합리하거나 정당하지 않은 차별에 한해서만 법적 제재를 받게 된다는 본질은 같다. 차별금지법이 적용되는 이유는 그만큼 중요하다. 차별금지법안은 이를 '합리적인 이유 없이'라고 표현했고, 평등에 관한 법률안은 이를 '정당한 이유 없이'라고 표현했다.

2021년 현재까지는 두 법안 모두 본회의 심의를 기다리고 있는 상태로, 그저 법안일 뿐이다. 그렇기 때문에 합리적이고 정당한 이유가 있는 차별에 대한 판례도 없고, 그 판단을 내릴 수 있는 기준도 없다. 이에 대해 더 자세히 알아보기 위해서는 다른 나라에서 이미 시행되고 있는 차별금지법을 살펴보는 것이 최선일 것이다.

먼저 판례가 풍부한 미국의 차별금지법을 살펴보자. 미국의 차별금지법에 해당하는 민권법은 인종, 피부색, 성, 출신 국가 혹은 종교를 이유로 하는 고용상의 차별을 금지한다. 다만 미국의 민권법 역시 합리적인 이유가 있는 차별은 허용하는 예외 조항을 가지고 있다. 민권법은 이것을 '정당한 직업 자격bona fide occupational qualification 조항'이라고 부른다. 특정 직업에 종교, 성별 또는 출신 국가와 같은 특성이 합리적으로 필요한 경우에, 이에 따른 차별이 국민의 평등권을 침해하지 않는다고 명시되어 있다. 합리적으로 필요한 경우로 인정되는 기준은 다소 까다로운데, 단순히 사업상의 편의는 합리적인 이유는 인정되지 않는다. 즉, 고객이 특정 인종이나 국적의 직원을 더 선호한다거나 특정 성별이 평균적으로 관련 업무에 더 능숙하다는 이유 등으로는 차별을 정당화할 수 없다. 사업상의 편의나 이윤을 넘어, 업무의 본질에 있어 필수적인 요건이어야 하는 것이다.

실제로 정당한 직업 자격 조항이 적용된 사례가 있다. 1980년대 미국의 교도관은 대다수가 남성이었기에, 여성 수감자를 전담할 여성 교도관의 수가 턱없이 부족했다. 워싱턴에 위치한 여성 수감자 전용 교도소인 기그 하버Gig Harbor 교도소와 미션 크릭Mission Creek

교도소도 사정이 크게 다르지 않았다. 〈프리즌 브레이크〉나 〈오렌지 이즈 더 뉴 블랙〉과 같은 미드를 본 적이 있다면 잘 알 텐데, 미국의 교도소는 살기등등하다. 수감자끼리 서로를 폭행하는 경우는 부지기수고, 외부에서 몰래 반입해 온 도구나 식사 시간에 빼돌린 포크는 아주 위험한 무기로 변해 폭력 사태를 불러일으킨다. 이로 인한 사망 사고도 종종 발생한다. 물론 금지된 약물을 몸에 숨기고 다니는 경우도 비일비재하다.

이 같은 문제를 방지하기 위해서는 수감자들의 몸수색을 하루에도 몇 번씩 진행해야만 했다. 그러나 고질적인 인력난에 허덕이던 두 교도소는 기존의 여성 교도관만으로는 늘어나는 여성 수감자의 몸수색 업무를 도저히 감당할 수 없게 되었다. 결국 남성 교도관에게 여성 수감자의 몸수색 업무를 맡기기로 결정했다. 늘 풍선처럼 긴장감이 부풀어 있는 밀폐된 교도소에서 이성 간의 접촉을 허용한다는 것이 여간 찝찝한 일이 아니었지만, 어쩔 수 없는 선택이었다.

슬픈 예감은 틀리지 않았다. 성폭행 신고가 급증한 것이다. 모든 신고가 사실인 것은 아니었지만, 워싱턴 주 정부가 자체적으로 실시한 수사에 따르면 상당수의 신고가 사실인 것으로 밝혀졌다. 워싱턴 주 정부는 급하게 외부 컨설턴트까지 고용해 대책 마련에 나섰다. 마침내 남성 교도관에게 여성 수감자의 몸수색을 맡겨서는 안 된다는 결론이 나왔고, 이는 곧바로 여성 교도관을 늘려야 한다는 결정으로 이어졌다. 무려 110개의 새로운 일자리가 만들어졌다.

물론 지원자의 성별은 여성으로만 제한되었다.[3]

이를 두고 6,000명의 교도관이 가입되어 있는 노동 조합 팀스터스Teamsters는 즉각 소송을 제기했다. 그들은 지원자의 성별을 여성으로만 한정하는 것은 민권법의 성별로 인한 차별 금지 조항에 정면으로 위배된다고 주장했다. 한편 주 정부는 지원자의 성별을 여성으로만 한정하는 것은 교도소의 원활한 운영을 위한 어쩔 수 없는 조치라고 항변했다. 성차별적인 고용 방침에 정당한 직업 자격 조항의 기준을 충족시킬 만큼 충분히 합리적인 이유가 있는지가 주요 쟁점이 되었다.

항소 법원은 두 가지 이유로 주 정부의 손을 들어주었다. 첫 번째는 프라이버시, 즉 사생활 보호의 문제였다. 법원은 여성 수감자가 남성 교도관에게 몸수색을 당하는 것을 신체적 프라이버시를 침해받는 행위로 보았다. 두 번째는 안전상의 문제였다. 법원은 남성 교도관에게 몸수색 업무가 주어지면서 성폭행 신고가 늘어났다는 통계에 주목했고, 그 상관관계를 인정했다.

또 다른 사례도 있다. 1980년대 사우스웨스트 항공Southwest Airlines은 마케팅에 열을 올리고 있었다. 이를 위해 상당한 비용을 들여 마케팅 에이전시까지 고용한 결과, '사랑의 항공사'라는 콘셉트를 내세우며 주요 고객층을 남성으로 설정하게 되었다. 항공사는 이에 충실하기 위해 매력적인 여성 승무원만 고용하기로 했다. 여성성을 겸비하고 섹스어필할 수 있는 승무원이 마케팅과 수익 창출에 필수적이라고 생각했기 때문이다.

그레고리 윌슨Gregory Wilson 은 남성 지원자를 대표해 사우스웨스트 항공을 상대로 집단 소송을 제기했다. 남성 승무원을 선발하지 않는 채용 방침에 문제를 제기한 것이다. 사우스웨스트 항공도 즉각 반발했다. 주요 고객층인 남성에게 어필하기 위한 어쩔 수 없는 채용 방침이라고 주장한 것이다. 더불어 사랑의 항공사라는 콘셉트에 맞게 섹시한 이미지를 유지하는 것 역시 매출 상승에 필수적인 요소이기 때문에, 정당한 직업 자격 조항의 기준을 충족시킨다고도 주장했다. 법원의 판단은 달랐다. 법원은 사우스웨스트 항공의 본질적인 업무는 비행을 통해 승객을 안전하게 이동시키는 것이지, 성적인 만족감을 주는 것이 아니라고 밝혔다. 사랑의 항공사라는 콘셉트를 필수적인 요소가 아닌 부가적인 요소로 본 것이다. 이러한 이유로 여성 승무원만 채용하는 것은 적당한 직업 자격 조항의 기준을 충족시키지 못한다고 판결했다.

정당한 직업 자격 조항은 차별적 행위에 대상이 된 특성이 본질적인 업무에 필수적인 요소인지를 따져, 그것이 합리적인 이유가 있는 정당한 차별인지를 판별한다. 예를 들어, 종교 학교에서 해당 종교를 믿는 사람만 교직원으로 고용하거나 혹은 남성복을 홍보하기 위해서 남성 모델만 고용하는 것은 정당한 차별이지 부당한 차별이 아니다. 설사 역사적으로 차별을 받아온 대상의 특성이 고용이나 공공 서비스의 영역에서 차별의 요소가 되더라도, 합리적인 이유가 있는 경우에는 차별이 허용된다.

─────── **다시, 외모 차별**

이번에도 1980년대 미국에서 일어난 일이다. 캔자스시티 지역 방송국 KMBC의 뉴스 앵커인 크리스틴 크래프트Christine Craft는 성별로 인한 외모 차별을 이유로 KMBC에 소송을 제기했다. 당시 KMBC는 소속 앵커나 기자에게 '사회적 기준에 부합하는 프로페셔널하고 비즈니스적인 용모와 복장'을 요구했다. 구체적인 내부 규정도 있었는데, 이를테면 여성 앵커는 여성스러운 느낌을 주는 블라우스를 입어야 했다. 크래프트는 이를 성별에 따른 불합리한 복장 규제이자 차별이라고 주장하며 방송국을 고발했다.

　법원은 두 가지 이유로 크래프트의 소송을 기각했다. 첫 번째는 남성에게도 정장 차림의 복장이 요구되었기 때문에, 여성에게만 불합리한 부담이 가해졌다고 보기 어렵다는 것이다. 두 번째는 복장 규제가 다소 과하게 적용된 점이 있지만, 보수적인 시청자의 눈높이에 맞춰 직원의 복장을 규제하는 내부 규정은 방송국의 이윤 추구에 필수적인 요소이므로 불합리한 차별이 아니라는 것이다. 법원은 방송국의 본질적인 업무가 정확한 뉴스 전달이라고 가정하더라도, 전달 방식에 있어 내용뿐만 아니라 이미지의 역할도 중요하다고 판단했다. 사우스웨스트 항공의 경우와 달리, 방송국의 이미지를 본질적인 업무와 동떨어진 부가적인 요소로 보지 않았다.

그렇다면 키와 몸무게에 따른 차별처럼 더욱 직접적인 외모 차별은 어떨까? 현대 발레의 무용수는 대체로 작은 얼굴과 전체적으로 가늘고 마른 체형을 지녔다. 물론 자세히 보면 잔근육으로 가득하지만, 절대로 지방이 많다거나 큰 근육이 발달된 체형이라고 할 수는 없다. 무용수에게 이러한 체형이 요구된 배경에는 현대 발레의 선구자 조지 발란신George Balanchine이 있다. 움직임의 형태를 중요시한 그는 발레 동작을 잘 표현하기 위해 가늘고 긴 체형을 요구했고, 그 신체적 기준이 지금까지 이어지고 있는 것이다. 실제로 발레는 넓은 동작 범위를 사용하는 데다, 중력을 거스르는 점프 동작이나 남성 무용수가 여성 무용수를 들거나 위로 던지는 동작이 많다. 그렇기 때문에 아무래도 발레 동작을 표현하는 데 있어 무용수의 체형이 중요할 수밖에 없다.

크리시 키퍼Krissy Keefer는 발레 무용수에게 요구되는 엄격한 신체적 기준에 불만이 있었다. 통통한 체형의 9살짜리 딸이 샌프란시스코 발레단의 오디션에서 떨어지고 난 후부터는 그 불만이 현대 발레가 완전히 편협하고 잘못된 방향으로 가고 있다는 확신으로 변했다. 그는 외모로 인한 차별을 이유로 샌프란시스코 발레단을 고소했다. 언론 보도를 통해 샌프란시스코 시민은 단순히 예술적 완성도만 추구하는 것을 넘어 무용수의 신체적·정서적·정신적 건강까지 고려하는 무용 학교를 원한다고 밝히며, 이 문제에 대해 사회가 진지하게 고민해야 할 시점이 왔다고 촉구했다.

무용계는 가만히 있지 않았다. 《댄스 인사이더Dance Insider》의 편집장 폴 벤이작Paul Ben-Itzak은 딸이 거절당했다는 이유로 자존심에 상처를 입은 뻔뻔한 학부모가 공익을 핑계로 개인적인 복수를 하려는 것이라며 비난했다. 무용 비평가 옥타비오 포카Octavio Foca 역시 이를 두고 차별을 철폐하겠다는 이유로 뛰어난 예술의 요소를 지루함과 평범함으로 대체하겠다는 것이라며 목소리를 높였다. 현대 무용수 로렌드 골드후버Lawrence Gold-huber는 키 작은 사람도 NBA에서 뛰지 못하는데 발레계가 뚱뚱한 사람을 받아주어야 할 이유가 있는지 반문했다.[4] 물론 골드후버의 말은 틀렸다. 키가 2미터가 넘는 선수가 즐비한 NBA에도 키가 작은 선수가 있다. 그중 네이트 로빈슨Nate Robinson과 수퍼드 웹Spud Webb의 키는 각각 175센티미터와 168센티미터로, 미국인 평균 남성보다 작은 신장이지만 덩크 콘테스트 우승을 거머쥐기도 하는 등 뛰어난 실력을 증명하기도 했다. 아마 골드후버의 말은 키가 작으면 농구 선수로 성공할 수 없거나 과체중이면 무용수로 성공할 수 없다는 의미가 아니라, 신체적 조건의 열세를 뛰어넘어 각각의 분야에서 성공할 가능성이 낮다는 의미일 것이다.

다만 신체적 조건이 업무 수행 능력에 직접적인 영향을 줄 수 있는 운동선수나 무용수에게 외모 차별은 합리적인 이유가 있을 가능성이 높으므로, 이때의 외모 차별이 항상 부당한 차별이 되는 것은 아니다. 반면 지원자의 실력을 확인해 보지도 않고 서류에 기재된 신장이나 몸무게 등과 같은 수치만으로 지원자를 걸러내는 것은 부당한 차별일 가능성이 높다. 차별금지법의 법적 제재 대상을 구분하는 기준은 언제나 그 차별에 합리적인 이유가 있는지에 대한 물음에 기반한다. 이것이야말로 차별금지법의 가장 중요한 기능 중 하나다.

차별금지법 제정은 다양한 차별 행위 중 무엇이 합리적인 차별이고 무엇이 부당한 차별인지를 정립하고, 그러한 판단을 내리는 데 있어 따져야 할 다양한 요소를 정리하는 과정이 될 수 있다. 공익인 권변호사모임 '희망을 만드는 법'의 조혜인 변호사는 어떤 사안이 차별에 해당하는지, 서로 다르게 대우해야 할 합리적인 이유가 있어 예외로 봐야 하는지는 사회가 각각의 사안마다 논의하고 소송으로 다투는 과정을 통해 성립된다며, 한국 사회는 합리적 처우인지 불합리한 차별인지를 다툴 수 있는 기준 자체가 없으므로 차별금지법으로 이러한 기반을 만들자는 것이라고 설명했다.[5] 안타깝게도 우리나라는 논의가 아직 시작조차 되지 못하고 있다.

물론 차별금지법이 만능 해결책은 아닐 것이다. 차별금지법은 사회에 존재하는 모든 편견이 낀 색안경을 제거해 주지 못할 것이며 모든 심사가 공정하게 이루어지도록 만들지도 못할 것이다. 예를 들어, 무대 위에서 장막을 치고 그 뒤에서 들리는 연주만으로 오케

스트라 단원을 선발하더라도, 장막에 비치는 실루엣이나 구두 소리 등으로도 지원자의 성별이나 인종을 유추할 수 있다. 하물며 현실에서 모든 특성을 완전히 배제한 채 판단을 내리는 것은 더욱 어려울 수밖에 없다. 면접관이 지원자의 적합성 여부를 판단할 때도 지원자의 목소리나 웃을 때 짓는 표정, 자신감 있는 몸짓, 혹은 자신감이 결여된 듯 보이는 눈동자 등 수많은 디테일이 영향을 미치게 된다. 이 역시 외모의 요소라고 할 수 있는데, 차별금지법은 이를 걸러내지 못할 것이다.

하지만 차별금지법이 가능케 하는 것도 있다. 지금껏 관행으로 받아들여졌기에 아무도 별다른 문제 제기를 하지 않았지만, 조금만 자세히 들여다보면 비합리적이고 모순투성이인 수많은 차별적 고용 정책이 차별금지법의 돋보기 아래에 놓이게 될 것이다. 그때 합리적인 이유 없이 지원자의 사진을 요구하는 정책이 살아남을 수 있을까? 실무 경력 및 자기 계발을 통해 충분히 능력을 증명할 가능성이 있음에도 응시 자격을 사년제 대학 졸업자로만 제한하는 정책이 살아남을 수 있을까? 다른 지원자보다 언어 능력이나 친화력이 뛰어나지만 단지 피부색만으로 영어 교사 채용의 서류 전형 단계에서 떨어지는 정책이 살아남을 수 있을까?

합리성을 따지는 것은—차별 문제와 꼭 연관되어 있지 않더라도—사회에 필요한 습관 중 하나다. 우리나라의 공무원 시험에는 비합리적이고 쓸데없는 문제가 너무 많다. 공무원이 왜 팔만대장경의 경판 숫자가 81,351권인지, 81,352권인지, 아니면 81,354권인지를 알아야 할까? 9급 공무원의 업무 수행 능력과 민족 대표 33인 중 누가 전라도 출신인지 혹은 광개토 대왕릉비의 글자 수가 몇 개인지가 무슨 관계가 있는 것일까? 국제 무대에서도 경쟁력이 있는, 생산적인 사회로 나아가고 싶다면 우리가 지금 당연하게 받아들이는 것이 합리적 기준을 통과할 수 있는지 꼼꼼하게 점검해야 한다. 물론 개인의 노력이 아닌 특성에 기반한 차별적 정책은 단지 비합리적일 뿐만 아니라 비도덕적이고 정의롭지도 못하다는 점에서 더 시급하게 수정되어야 한다.

스티븐 스필버그Steven Spielberg 감독의 영화 〈링컨〉에는 다음과 같은 대사가 나온다. "인간이 태어나는 것에 선택권이 있다고 생각하나? 우린 시대에 맞게 태어난 걸까? 자네 생각은? 자넨 기술자군. 그럼 유클리드의 공리와 공준을 알겠군. 유클리드의 첫 공리는 이거야. '동일한 것의 같은 것은 서로 같다.' 그게 수학적 추론의 법칙이지. 맞기 때문에 사실이기도 해. 과거에도 맞았고 미래에도 맞을 거야. 책에서 유클리드는 이것이 '자명하다'고 했어. 알겠나? 무려 2,000년 전에 쓰인 역학 법칙 책에도 자명한 진실이 있는 거야. 동일한 것의 같은 것은 서로 같다는 것 말이야. 출발점은 평등이야. 그게 시작 아닌가? 그건 균형이고 공정성이야. 그게 정의라네."

2,000년 전에도 자명한 사실이었던 이 평등의 원칙은 우리나라 헌법 제11조에도 명시되어 있다. "모든 국민은 법 앞에 평등하다.

누구든지 성별·종교 또는 사회적 신분에 의하여 정치적·경제적· 사회적·문화적 생활의 모든 영역에 있어서 차별을 받지 아니한다." 그런 면에서 차별금지법의 세부적인 부분에 대한 사회적 합의가 이루어지지 않았다는 이유로 차별금지법을 논의하는 것조차 미루어야 한다는 입장은 무책임할 뿐만 아니라 비합리적이다.

차별금지법은 사회의 불합리한 차별을 감시하고 적극적으로 개입하는 역할을 한다. 즉 심판의 역할이다. 경기를 더욱 공정하게 만들기 위해서 오프사이드 규정을 어떻게 수정하고 골라인 판독 기술이나 비디오 판독 시스템을 어떻게 발전시킬지, 계속해서 논의를 이어나가야 하는 것은 맞다. 하지만 논의가 필요하다고 해서 심판이 필요하지 않은 것은 아니다. 적어도 동성애를 비판하는 설교만해도 끌려간다는 가짜 뉴스나 억지 주장이 아닌, 합리성에 근거한 활발한 논의가 시작되어야 한다. 이는 우리가 현재 할 수 있는 최소한의 합리적인 선택이다.

─── **합리성에 대한 믿음**

이번 장에서는 다양한 사례를 통해 차별금지법의 적용 기준에 대해 살펴보았다. 모든 인간은 이기적이고 합리적이라고 했던 애덤 스미스는 인간의 이기심과 합리성에 대해 다음과 같은 말도 남겼다. "자기애라는 최고로 강력한 충동에 대적할 수 있는 것은 인간성의 부드러운 힘들이 아니다. 자연이 인간의 가슴에 밝혀 둔 희미한 박애의 불꽃이 아니다. 그 상황에서 발휘되는 것은 좀 더 강한 힘, 더 강력한 동기이다. 이성, 원칙, 양심, 짐승 속에 거하는 존재, 내면의 인간, 자신의 행동에 대한 위대한 재판관이자 결정권자가 그것이다.

그는 우리가 타인의 행복에 영향을 미치는 행동을 할 때마다 나서서, 우리의 가장 몰염치한 충동마저 깜짝 놀라게 하는 목소리로 이렇게 이른다. 우리는 무수한 사람들 중 하나일 뿐, 어떤 면에서도 남들보다 더 나을 것이 없다고. 우리가 무조건 뻔뻔하게 자기만을 선호한다면 마땅히 남들의 분노, 혐오, 증오를 받을 것이라고. 우리는 오로지 그를 통해서만 자신과 자신에게 관계된 모든 일이 사실 얼마나 하찮은지를 깨우친다. 우리는 오로지 그 공평무사한 관찰자의 눈을 통해서만, 그릇된 자기애의 표출이라는 타고난 성향을 바로잡을 수 있다. 우리에게 관용의 타당성과 불의의 추악함을 보여주는 것도 바로 그다. 남들이 더 큰 이득을 얻을 수 있다면 자신의 가장 큰 이득마저도 단념해야 적절하다는 것을, 자신이 최대의 이득을 얻고자 남들을 해치는 일은 아무리 작은 피해라도 추한 짓이라는 것을, 바로 그가 우리에게 알려준다."[6]

다음 장에서 우리는 합리성이라는 개념을 차별금지법의 구성 요소가 아닌 존재 이유로까지 확장함으로써, 차별금지법이 왜 지금, 우리에게 필요한 법인지에 대해 살펴볼 것이다.

6

우리의, 우리에 의한,
우리를 위한

나는 늘 넓은 호밀밭에서 꼬마들이 재미있게 놀고 있는 모습을 상상하곤 했어. 어린애들이 수천 명이 있을 뿐 주위에 어른이라고는 나밖에 없는 거야. 그리고 난 아득한 절벽 옆에 서 있어. 내가 할 일은 아이들이 절벽으로 떨어질 것 같으면 재빨리 붙잡아주는 거야. 애들이란 앞뒤 생각 없이 마구 달리는 법이니까 말이야. 그럴 때 어딘가에서 내가 나타나서는 꼬마가 떨어지지 않도록 붙잡아주는 거지. 온종일 그 일만 하는 거야. 말하자면 호밀밭의 파수꾼이 되고 싶다고나 할까.

J.D. 샐린저, 《호밀밭의 파수꾼》 중에서

가끔 방에 틀어박혀 글을 쓰다가 답답해지면 밖으로 나와서 글을 쓰기도 한다. SNS에 인증샷이라도 남길 수 있게 브루클린의 힙한 카페에 가면 좋으련만, 보통은 그럴 시간적 여유나 체력이 없다. 그럴 때 가장 만만한 곳이 동네 스타벅스다. 그렇다, 지금 이 글도 스타벅스에서 쓰고 있다.

한국의 스타벅스와 뉴욕의 스타벅스는 다르다. 물론 가격이나 커피 맛도 조금씩 다르지만, 적어도 내 기준에서는 크게 체감될 정도는 아니다. 하지만 눈에 띄는 차이도 있는데 바로 인테리어다. 한국의 스타벅스 매장은 대체로 고급지다. 매장에 들어가면 통유리 너머로 쏟아져 들어오는 햇빛이 몸을 감싸주며, 눈앞에 펼쳐지는 탁 트인 공간 또한 넓고 쾌적하다. 게다가 매끄러운 타일 바닥과 세련된 원목 가구, 그리고 기분 좋게 통일된 색감의 벽지가 고급스러움을 한층 더해준다. 반면 뉴욕의 스타벅스 매장은 대체로 좁고 구리다. 햇빛은커녕 실내조명도 부실해서 늘 동굴처럼 음침한 기운을 뿜어낸다. 실제로 스타벅스에서 글을 쓰면서 시력이 적어도 0.1 정도 나빠진 것 같다. 물론 세련된 원목 가구나 매끄러운 타일도 없고, 비가 오는 날에는 가끔 천장에서 물이 새기도 한다. 그래서인지 바닥은 늘 끈적거리고 가끔씩 이상한 냄새를 풍기기도 한다. 뉴욕의 스타벅스에서 부패한 시신이 발견되었다는 기사를 읽어도, 그리 놀랍지 않을 것이다.

그럼에도 불구하고 뉴욕의 스타벅스에서 꽤나 마음에 드는 구석이 있다. 바로 앉아 있기 위해서 음료를 주문할 필요가 없다는 점이다. 사실 미국에 있는 모든 스타벅스 매장에서는 음료를 주문하지 않고도 얼마든지 매장에 마련된 좌석에 앉을 수 있다. 게다가 하루 종일 있어도 된다. 물론 음료를 주문하지 않아도 언제든 화장실 이용이 가능하다.

이 같은 내부 방침이 생긴 데에는 2018년 스타벅스에서 발생한 인종 차별 논란이 주요했다. 당시 필라델피아에 위치해 있는 스타벅스 매장에서 흑인 남성 두 명이 음료를 주문하지 않고 앉아 있었다. 그들은 특별히 영업 방해에 해당될 만한 소란을 피우거나 위협적인 행위를 하지 않았다. 단지 사업 논의를 위해 친구를 기다리고 있었을 뿐이다. 그 과정에서 그들은 종업원에게 화장실을 사용할 수 있는지 물었고, 종업원은 음료를 주문하지 않는 손님은 화장실을 사용할 수 없다고 대답했다.

여기까지는 별 문제가 없었다. 하지만 얼마 뒤 종업원이 그들에게 매장에서 나가달라고 말했고, 그들은 이에 응하지 않았다. 그러자 종업원이 영업 방해와 불법 침입 혐의를 이유로 경찰에 신고를 했다. 뒤늦게 도착한 친구가 경찰까지 출동할 만큼 그들이 잘못한 것이 무엇인지 따졌다. 다른 고객도 그들은 체포될 만한 일을 하지 않았다는 데 동의했다. 하지만 그들은 경찰에 의해 수갑이 채워진 채 경찰에 연행되었다. 이 사건은 현장에 있던 시민이 핸드폰으로 촬영한 덕분에 세상에 알려졌다.

사건은 나름대로 훈훈하게 마무리되었다. 피해자 레이션 넬슨Ra-shon Nelson과 돈테 로빈슨Donte Robinson이 인종 차별 피해로 인한 막대한 배상금을 받지 않고, 경찰의 공권력 남용에 대한 배상금으로 각각 1달러씩만 받기로 합의했다. 대신 그들은 필라델피아가 청년 기업가를 꿈꾸는 시내 공립 고등학교의 학생을 지원하는 사업에 20만 달러를 투입하겠다는 내용이 적힌 합의서에 서명했다. 그들은 ABC 방송에 출연해 "이러한 사태가 다시 발생하지 않길 바란다. 우리가 원하는 것은 젊은이들이 트라우마를 겪는 대신 좋은 동기를 부여받고 영감을 얻는 것이다."라고 인터뷰했다. 필라델피아 대변인 짐 케니Jim Kenny도 "시가 소송을 당할 수도 있는 사건을 생산적인 방식으로 끝낼 수 있어 기쁘다."라고 말했다. 스타벅스는 이 사건 이후 하루 동안 미국 내 점포의 문을 일제히 닫고 전 직원을 상대로 인종 차별 방지 교육을 진행하는 등 후속 조처를 내놓았다.[1]

인종 차별 논란은 미국 사회에서 그리 놀라운 일이 아니다. 쉽게 낫지 않는 고질병처럼 인종 차별은 늘 미국 사회에 존재해왔다. 그중에서도 가장 큰 반향을 불러일으킨 인종 차별 논란은 지난해에 발생했다. 2020년 5월, 미네소타 미니애폴리스에서 대규모 흑인 인권 시위를 촉발시킨 조지 플로이드 사건이다. 백인 경찰 데릭 쇼빈Derek Chauvin이 흑인 피의자 조지 플로이드George Floyd를 체포하는 과정에서, 흑인 피의자를 땅에 엎드리게 한 뒤 양손을 수갑으로 채우고 무릎으로 피의자의 목을 약 9분간 누르고 있었다. 피의자는 목이 눌린 상태로 "숨을 쉴 수가 없다.", "죽을 것 같다."라고 호소했지만 소용없었고, 결국 피의자는 병원 이송 중에 사망하게 되었다. 이 사건 역시 현장에 있던 시민이 핸드폰으로 촬영한 덕분에 세상에 알려졌다.

쇼빈은 이급 살인Second Degree Murder과 단순 살인Manslaughter 혐의로 구속 기소되었다. 이 사건을 계기로 경찰 폭력과 인종 차별에 항의하는 대규모 시위가 계속되었다. 시위의 구호는 '흑인의 생명은 소중하다(#BlackLivesMatter)'에서 '경찰 예산 폐지(#DefundThePolice)'로 이어졌다. 시위는 전국적으로 확산되었고 그 강도가 점점 높아지자, 민주당뿐만 아니라 공화당까지도 경찰 개혁 법안을 추진하겠다고 밝혔다.

미국 내에서는 아시아계 인구를 향한 혐오 범죄가 급증했다. 2019년과 비교했을 때, 2020년 미국의 16개 대도시에서 발생한 혐오 범죄는 7퍼센트 감소했지만 아시아계 인구를 대상으로 한 혐오 범죄는 오히려 149퍼센트 증가했다.[2] 주로 아시아계 노인이나 여성 등과 같은 약자를 골라 묻지 마 폭행을 저지른 것이다. 물론 온·오프라인에서 발생하는 인종 차별적 언어 혐오도 광범위하게 퍼졌다. 도널드 트럼프Donald Trump 전 대통령의 임기 동안 악화된 반이민자 정서가 코로나바이러스의 확산과 맞물려 반중국 정서, 그리고 반아시아 정서로 옮겨간 것이다. 미국의 싱크 탱크 브루킹스 연구소 Brookings Institute는 트럼프가 코로나바이러스를 '중국 바이러스'나

'쿵후 바이러스'로 지칭하며 사실상 인종 차별을 부추긴 행동이 아시아계 인구를 대상으로 한 혐오 범죄가 늘어나는 데 일조했다고 진단했다.[3]

내 지인들이 살고 있는 맨해튼의 아파트 앞에서도 60대 아시아계 여성이 아무 이유 없이 발로 수차례 폭행을 당하는 일이 있었다. 대낮이었고 맨해튼 중심부에서 일어났기에, 그 충격의 여파는 더 컸다. 게다가 보안 요원이나 행인들은 폭행 사건을 보고도 아무런 행동을 취하지 않았다. 이러한 상황에서 적극적으로 개입하는 것이 말처럼 쉬운 일은 아니라고 할지언정, 이들은 최소한의 의무인 신고조차 하지 않았다. 심지어 보안 요원은 폭행이 일어나는 와중에 아파트 출입문을 닫아버리기까지 했다. 이 사건은 건물 로비에 있는 CCTV에 기록되어 뉴욕 시민에게 공개되었고, 엄청난 공분을 샀다. 용의자는 체포되어 기소되었고, 폭력을 방관한 보안 요원은 해고되었다.

─────── **정의를 향한 곡선**

1852년 노예 제도 폐지론자 시어도어 파커Theodore Parker는 다음과 같은 말을 했다. "나는 도덕적 우주를 이해하는 척할 마음이 없다. 그것은 기나긴 호를 그리며 뻗어 있고, 내 눈은 겨우 짧은 거리만

닿는다. 나는 눈으로 그 곡선을 내다보고서 계산으로 숫자를 완성할 능력이 없다. 나는 다만 양심으로 내다본다. 그리고 양심의 눈으로 본 바 확신하건대, 그 곡선은 정의를 향해 굽어 있다."[4]

근래 우리는 실로 놀라운 기술적 발전을 이루어냈다. 알다시피 기술의 발전은 직선 상승형 그래프가 아닌 곡선 그래프에 더 가깝다. 점진적으로 일정하게 성장하는 것이 아니라 기하급수적으로 성장한다는 뜻이다. 이 가파른 성장은 인류에게 엄청난 풍요와 편리함을 가져다주었다. 과거에는 엄두도 못 냈을 일이 이제는 기술적으로 가능해졌다. 원자를 쪼갤 수도 있고, 우주를 여행할 수도 있으며, 인공 지능의 발전을 통해 모든 인류의 지성을 합친 것보다 더 뛰어난 초인공 지능을 개발하는 것에도 조금씩 다가가고 있다. 이러한 과학 기술에 비교하면, 우리의 도덕의 역사를 보여주는 곡선은 조금 초라하게 느껴질지도 모른다. 우리의 역사가 정의를 향해 굽어 있다는 파커의 믿음이 무색하게 느껴질 정도로.

사회는 여전히 분열되어 있고 차별은 늘 그래왔듯이 사회 곳곳에 만연해 있다. 하지만 희망적인 부분이 아예 없는 것은 아니다. 단지 긍정적인 변화를 잘 감지하지 못할 뿐이다. 보통 우리는 지금 처해 있는 현실을 실제보다 더 안 좋게 보는 경향이 있다. 도덕의 역사도 마찬가지다. 현재를 비관적으로 보는 것이 때로는 더 큰 발전의 동력이 되기도 하지만, 객관화 또한 필요하다. 기술의 발전만큼은 아닐지라도, 도덕의 역사는 분명한 상승 곡선을 그리고 있기 때문이다.

불과 몇십 년 전만 해도 카페나 술집뿐만 아니라 기차나 비행기 내부에서 아무렇지 않게 담배를 피울 수 있었다. 지금 생각해 보면 온 사회가 이를 어떻게 용인할 수 있었는지 새삼 놀라게 된다. 차별도 마찬가지다. 불과 몇십 년 전만 해도 당연했던 차별적 문화나 제도는 이제 전혀 당연하지 않게 되었다. 현재 불평등과 차별의 쟁점이 되는 사안을 예전의 쟁점과 비교해 보면, 우리가 이루어낸 도덕적 진전이 명백해진다. 예를 들어 과거 성차별의 쟁점은 여성에게 투표권을 주어도 되는지, 혹은 여성에게 남성과 같은 지적 능력이 있는지 등과 같은 내용이었다. 요즘은 이 내용에 대한 답이 너무나도 명백해져 토론할 가치도 없는 것으로 간주된다.

마찬가지로 과거 동성애 논란의 주요 쟁점은 동성애를 범죄로 취급해야 하는지 등과 같은 내용이었다. 나치의 암호 체계 '에니그마'를 해독해 제2차 세계 대전을 종식하는 데 기여하고 컴퓨터의 원형이라고 할 수 있는 조작 체계를 설계한 세기의 천재 앨런 튜링Alan Turing은 동성애자라는 이유만으로 영국 경찰에게 체포되어 화학적으로 거세당했다. 이는 1952년, 불과 약 70년 전에 일어난 일이다. 국가적 영웅을 이 정도로 취급했는데, 동성애자로 알려진 일반 시민은 얼마나 더 끔찍한 대우를 받았을지 어렵지 않게 짐작할 수 있다. 하지만 수많은 선진국은 더 이상 동성애를 불법으로 보지 않는다. 요즘 동성애 논란의 주요 쟁점은 동성 결혼을 합법화해야 하는

지이다.

차별적 행위나 발언은 이제 시대착오적이고 감수성이 떨어지는 사람의 일탈 행위로 인식된다. 한때 모두가 강도 높은 차별을 하고 이를 당연하다고 생각하던 시절도 있었다. 미국에서는 흑인이 식당이나 공공장소에 출입하는 것조차 불가능했다. 유색 인종은 출입이 불가능한 백인 전용 식당이 따로 있었고, 흑인 전용 학교도 따로 있었다. 1955년 백인에게 버스 좌석을 양보하지 않았다는 이유로 흑인 여성이 체포되자 대규모 버스 보이콧이 일어나기도 했다. 고용주는 백인 지원자만 뽑는다는 내용이 포함된 광고를 별다른 제지 없이 자유롭게 게재할 수 있었다. 그때는 이 같은 정책에 반대하고 목소리를 높이는 것이야말로 유난스러운 사람의 일탈 행위로 인식되었다.

지금은 차별을 용인한 수많은 제도가 거의 사라졌다. 이러한 진전을 이루어낼 수 있었던 이유는 여러 가지일 것이다. 그중 법의 역할에 특히 주목하고 싶다. 미국의 예를 들어보자. 미국의 민권법이 제정된 해는 1964년이다. 민권법이 제정되고 반세기를 훌쩍 넘긴 지금, 민권법에 대한 미국인의 여론은 놀라우리만큼 긍정적이다. 버락 오바마Barack Obama 전 대통령은 민권법 50주년 기념행사에서 다음과 같은 연설을 했다. "민권법 덕분에 우리 모두에게 새로운 기회와 교육의 문이 열렸습니다. 민권법이 제정되고 반세기가 지난 지금, 린던 존슨 대통령이 통과시킨 이 법안은 우리 자신과 민주주의의 단단한 토대가 되었고, 미국이라는 나라의 정체성의 중심으로 자리 잡았습니다."[5]

오바마의 연설은 과장이 아니다. 민권법은 미국 사회에서 배척당하던 소수자에게 새로운 기회의 문을 열어주었다. 이러한 측면에서 데니스 모건Denise Morgan과 레베카 지에트로우Rebecca Zietlow는 민권법을 '소속의 권리' 개념을 정립한 법률이라고 평가했다. 민권법이 더욱 포괄적인 국가 공동체와 평등한 소속권에 대한 시각을 제시해주는 새로운 입법의 기준이 되었다는 것이다. 모건과 지에트로우는 입법부가 소속의 권리를 보호하는 법률을 제정하는 행위는 그 사회가 더 포괄적이고 관용적인 공동체를 만들어가겠다고 공표하는 것을 의미한다고 덧붙였다.[6]

실제로 미국은 다양한 출신의 이민자가 일군 국가임에도 불구하고 민권법 제정 이전에는 상당히 배타적이었다. 1963년에 실시한 여론 조사에 따르면, 노예 제도를 유지하기 위해 남북 전쟁이라는 비극까지 감수한 남부의 주들에서는 민권법 제정에 찬성하는 비율이 12퍼센트에 불과했다. 민권법이 한창 논의되던 1964년 2월까지만 해도 20퍼센트 정도였다. 하지만 당시 대통령이었던 린던 존슨Lyndon Johnson의 강력한 의지 아래, 민권법 입법 직전이었던 4월에는 무려 67퍼센트가 민법권 제정에 찬성했다.[7] 1970~1980년대를 거치며 그 비율은 점점 더 늘었다. 이제는 90퍼센트가 넘는 미국인이 능력만 있다면 거주지를 정하고 학교를 다니고 직장을 구하는 데 인종이 관여해서는 안 된다는 '평등의 원칙'에 동의한다.[8] 민권법이 현대의 미국을 창조한 법이라고 평가받는 이유다.

당시의 사회적 분위기나 여론 조사를 보지 않더라도, 민권법이 다양성을 더욱 포용하는 방향으로 이끌었다는 사실을 보여주는 분명한 지표가 있다. 바로 차별을 금지하는 법률의 입법 사례다. 민권법이 제정된 1964년 이전에 미국에서 제정된 인권 관련 법률의 수는 1964년 이후에 미국에서 제정된 인권 관련 법률의 수보다 적다. 무려 200년이라는 기간 동안 미국에서 제정된 법률이 겨우 60년 동안 제정된 법률보다 적은 것이다. 실제로 민권법 제정 이후에 펼쳐진 권리 운동과 법적 승리의 물결은 마치 넷플릭스 드라마 같았다. 한번 시작되고서는 멈출 수가 없었기 때문이다.

1965년 선거권법Voting Rights Act of 1965이 그 시작이었다. 당시 미국 남부에서는 흑인의 투표를 막기 위해 흑인을 대상으로 문자 해독 능력 테스트를 했다. 이 같은 차별에 반대하며 흑인의 선거권을 위한 투쟁이 시작되었다. 앨라배마주 셀마에서 벌어진 흑인의 항의 및 행진이 결정적인 영향을 미쳤다. 경찰의 과잉 진압에 시위대는 무차별적 폭행을 당했고, 이 사태에 놀란 미국민은 선거권법의 입법을 촉구했다. 결국 1965년 선거권법이 제정되었다. 그로부터 10년 동안 무려 100만 명 이상의 흑인이 선거자로 등록했으며, 이에 따라 흑인 공직자의 수도 증가하게 되었다.

변화는 도미노처럼 계속 일어났다. 1972년 교육개정법The Education Amendments Act of 1972이 성차별에 대한 연방의 보호 방안을 강화시켰고, 1973년에는 재활법The Rehabilitation Act of 1973 및 그 밖의 다른 조치가 고령자 및 장애인을 보호하기 위해 채택되었다. 1975년에는 고용상 연령차별금지법The Age Discrimination Act of 1975이, 1978년에는 민권개혁법The Civil Rights Reform Act of 1978이, 1990년에는 장애인법The Americans with Disabilities Act of 1990이 통과되었다.[9]

이를 다시 정리해 보면, 인종 차별에 반대하는 움직임은 곧 여성권 운동으로 이어졌다. 곧이어 아동권과 장애인의 권리를 보호하는 입법이 뒤를 따랐으며, 얼마 안 가 동성애자 권리와 동물권 등이 법적 승리를 쟁취하기도 했다. 유기적으로 이어진 각각의 운동은 시간차를 두고 발생했지만, 이를 개별적인 사건이 아닌 하나의 큰 줄기로 이해해도 무리는 없을 것이다. 모두 권리의 확장이라는 연장선상에 놓여 있었으며, 긴밀한 협조를 통해 서로의 전술과 도덕적 논거를 발전시켰기 때문이다. 그렇다면 이와 같은 연쇄 작용을 가능하게 만든 원인은 무엇일까? 여기서 차별금지법의 세 가지 효과에 주목하고 싶다.

첫 번째, 차별금지법의 사회적 감시 효과다. 앞서 살펴본 스타벅스에서 발생된 인종 차별 논란, 조지 플로이드 사건, 그리고 아시아계 미국인에 대한 범죄는 차별에 근거한 혐오 범죄라는 사실 외에 한 가지 주목할 만한 공통점이 또 있다. 사건이 세상에 알려지는 데 있어 핸드폰 카메라나 CCTV가 결정적 역할을 했다는 점이다. 짧은 기사를 통해 차별의 사례를 접하는 것과 영상으로 무자비한 폭력을 직접 목격하는 것에는 큰 차이가 있다. 세 가지 사건 모두 영상이 공개되지 않았더라면, 어쩌면 사건 자체가 묻혔을지도 모른다. 적어도 그만큼의 파장을 일으키지 못했을 가능성이 크다.

"춤춰라, 아무도 보지 않는 것처럼."이라는 말도 있지만, 사실 우리는 아무도 보지 않을 때 멋진 춤을 추기보다 부끄러운 짓을 할 가능성이 더 높다. 부끄럽기만 하면 다행인데, 아무도 보지 않거나 자신을 감출 수 있을 때 비도덕적인 행동을 할 확률도 높아진다. 이것이 바로 '루시퍼 효과'다. 천사에서 악마로 변한 루시퍼의 이름에서 알 수 있듯, 루시퍼 효과는 평범한 사람들이 한순간에 악마처럼 변하는 현상이다.

평범하고 선량해 보이는 사람이라도 언제나 상황에 따라서 가해자가 될 수 있다. 이러한 인간 본성의 약점을 가정하고 그것을 제어하는 대책을 마련하는 것이 효과적인 사회 시스템의 역할이다. 차별금지법은 효과적인 사회 시스템의 역할을 수행할 수 있다. 많은 일탈 행위와 범죄를 예방하는 데 블랙박스와 CCTV가 도움이 되었듯, 차별 행위를 방지하려면 제삼자가 개입하거나 자신의 행동이 감시당할 수 있다고 의식하도록 만들어야 한다. 이는 차별 행위를 억제하는 데 상당 부분 효과가 있다.

현재 미국의 수많은 기업과 학교에서는 평등한 기회를 기초로 한 다양성, 친동성애, 장애 차별 금지 정책을 도입하고 있다. 이러한 정책을 통해 사내 혹은 교내 차별 행위를 자체적으로 처벌하고 있다. 이는 꼭 미국 기업이나 학교가 우리나라보다 더 깨어 있다거나 인류애가 넘치기 때문이라고 볼 수 없다. 미국의 경우, 고용평등위원회Equal Employment Opportunity Commission와 같은 차별 시정 기구가 회사나 학교가 자율적인 차별 금지 정책을 수립하게끔 유도하고 있기 때문이라는 해석이 더 현실적이다.

미국에서는 민권법과 같은 연방법이나—주 정부의 권한에 따라 확대할 수 있는—각 지방 정부의 인권법이 차별 피해자에게 폭넓은 구제책을 제공한다. 차별의 피해자는 차별에 따른 체불 임금 수령과 복직, 혹은 복직을 대신할 퇴직금 수령, 차별 피해로 인한 고통에 대한 금전적 손해 배상과 징벌적 손해 배상, 그리고 가해자의 행동 교정 명령 등이 가능하다.[10]

이는 미국의 기업과 학교가 자체적으로 차별 금지 정책을 확립해 꾸준히 시행하는 가장 큰 동기다. 소송 위험과 금전적 손해를 방지하기 위해 사전에 문제가 될 만한 행위를 차단하는 것이 더욱 합리적이기 때문이다. 만약 법적 제재가 없다면 기업과 학교가 지금과 같이 꾸준히 자체적으로 차별 금지 정책을 유지할까? 버나드 맨더빌Bernard Mandeville은 "국가는 정직함에 기댈 것이 아니라 필연성에 기대야 한다."라고 말했다. 차별의 문제에 있어, 우리 또한 사람에 기댈 것이 아니라 시스템에 기대야 한다.

게다가 차별 금지 관련 법안이 차별 행위에 대한 감시 효과를 높여준다는 사실이 증명된 국내 사례가 있다. 바로 2008년부터 시행된 장애인차별금지법이다. 장애인차별금지법이 제정되기 전인 2001년부터 2007년까지 국가인권위원회에 접수된 장애 차별 행위 건수는 598건에 불과했지만, 장애인차별금지법이 시행된 2008년부터 2019년까지 국가인권위원회에 접수된 장애 차별 행위 건수는 무려 1만 4,178건이었다.[11] 이로써 차별금지법 역시 사회의 차별적 정책과 행위를 가리고 있는 장막을 걷어내는 역할을 할 수 있을 것이라는 기대감을 가질 수 있다.

두 번째, 차별금지법의 노출 효과다. 차별금지법이 단순히 외생적으로 법적 처벌에 대한 압력을 통해 차별 행위를 줄이기만 하는 효과만 지닌 것은 아니다. 제도적 장벽이나 사회적 편견 때문에 억압되어 있던 소수자에게 더 많은 사회적 진출 기회를 열어주기도 한다. 그리고 소수자의 사회적 진출로 인해 그들의 존재가 더 노출됨으로써, 그들에 대한 잘못된 신념과 미신을 타파할 수 있게 된다.

소수자와 접촉할 기회가 늘어나면, 다른 인종과 민족은 믿을 수 없다거나 선천적으로 열등하다는 편견이나 여성이 특정 업무를 수행할 능력이 부족하다는 생각, 동성애는 도덕적으로 타락한 생활 방식이 불러온 정신적 질병이라는 믿음과 같은 차별적 대우를 용인하게 만드는 관습적인 미신을 조금씩 지워나갈 수 있다. 실제로 정부 기관이나 전문직에 여성이 활발하게 진출하는 나라일수록 여성에 대한 폭력 범죄율이 낮다. 뿐만 아니라 동성애자를 개인적으로 아는 사람일수록 동성애에 반대할 가능성이 적으며, 이민자와 자주 접촉하고 일할 기회가 많은 지역일수록 이민자 차별 정책에 반대하는 경향이 있다는 통계도 있다.[12]

세 번째, 차별금지법의 교육 효과다. 차별금지법은 사회가 피부색이나 성별, 나이, 성적 지향과 같은 본인이 통제할 수 없는 특성 때문에 그 구성원의 생명권, 자유권, 행복 추구권, 평등권을 제약하지 않겠다는 일종의 선언이다. 고든 올포트Gordon Allport는 법이 직접적으로 편견을 없애는 것은 아니지만 소수자를 차별하면 안 된다는 사실을 공식화하고 사람들의 행동을 유도할 수 있기 때문에, 생각과 감정에 영향을 미치는 교육적 기능을 수행할 수 있다고 설명했다. 이는 우리가 외집단에게 가지는 본능적인 적대감과 부정적 감정을 억누르고 또 다른 대안을 제시해 주는 역할을 수행한다. 사회가 우리 모두의 자유와 평등에 대한 권리를 보장한다는 공적 선언을 하는 셈이다.

─────── **거스를 수 없는 변화**

우리나라의 실정을 고려하지 않은 채, 단지 해외에서 긍정적 효과가 있었다는 이유만으로 차별금지법을 바로 도입할 수는 없는 일이다. 하지만 단지 서구 문화권에서 파생되었다고 해서 차별금지법이 우리의 역사적·문화적·정치적 상황에 맞지 않을 것이라고 속단할 수도 없다. 이미 팩트 체크를 통해 차별금지법의 핵심 논점을 흐리는 가짜 뉴스와 억측을 걷어내는 작업이 곳곳에서 이루어지고 있다. 그중에서도 대표적인 오해 몇 가지를 짚어볼 차례이다.

첫 번째, 차별금지법이 온갖 종류의 차별적 발언이나 행위를 무분별하게 법적 처벌 대상으로 포섭할 것이라는 우려이다. 이는 사실이 아니다. 차별금지법은 모든 종류의 차별을 처벌하지 않는다. 2021년을 기준으로, 장혜영 의원이 발의한 차별금지법에는 차별 행위 자체에 대한 형사 처벌 조항이 없다. 그렇기 때문에 차별 행위에 대한 손해가 발생한 경우, 민사적 책임을 물을 수는 있지만 형사적 책임을 물을 수는 없다. 즉, 처벌을 받는 것은 아니다. 현재 발의된 차별금지법안에서 유일하게 형사 처벌이 가능한 경우는 직장 상사나 교육자가 차별에 대한 구제를 요청했다는 이유로 피해자에게 보복 행위를 한 경우다. 그 밖의 차별 행위에는 형사 처벌이 적용되지 않는다. 이상민 의원이 발의한 평등법에는 처벌 조항이 아예 없다. 쉽게 말해, 차별적 발언을 했다는 이유만으로 감옥에 갈 일은 없다.

그렇다면 차별금지법은 법적 효력이 없는 걸까? 그렇지는 않다. 차별금지법은 차별 행위에 시정 권고를 내릴 수 있는 권한을 국가인권위원회에게 부여한다. 물론 국가인권위원회는 이전부터 차별 행위에 시정 권고를 내릴 수 있는 권한을 가지고 있었다. 다만 말 그대로 '권고'에 불과했기 때문에, 권고 대상이 이를 무시해도 별다른 조치를 취할 수 없다는 문제가 있었다. 현재 발의된 차별금지법 안은 한 가지 제안을 하고 있다. 국가인권위원회의 권고에 강제성이 있는 시정 '명령'을 내릴 수 있는 권한을 부여하자는 것이다. 법이 이빨 빠진 호랑이가 되지 않도록 이빨을 더하는 셈이다.

법안에 따르면 국가인권위원회의 권고에도 불구하고 시정 행위가 제대로 이행되지 않을 시, 행정 처분으로 시정 명령을 내릴 수 있다. 이는 강제성이 있는 조치다. 이마저도 이행되지 않을 시, 대상에게 3,000만 원 이하의 이행 강제금을 부과할 수도 있다. 물론 시정 권고나 명령, 이행 강제금을 무조건적으로 받아들여야 하는 것은 아니며, 국가인권위원회에 재결을 요청할 수 있다. 또한 행정 소송을 통해 결정에 불복하는 것도 가능하다.

두 번째, 차별금지법이 표현의 자유를 침해할 것이라는 의견이다. 물론 아무런 근거가 없는 두려움은 아니다. 차별금지법은 표현의 자유를 일정 부분 제한한다. 하지만 이 같은 논리를 적용한다면, 사기죄 역시 표현의 자유를 제한하는 것으로 분류될 수 있다. 명예 훼손이나 모욕죄도 마찬가지다. 개인의 자유나 권리를 일정 부분 제한하지 않는 법은 어디에도 없다. 그보다는 과연 차별금지법이 표현의 자유를 과하게 제한하는지가 주요 쟁점이 되어야 한다. 하지만 현재 발의된 법안을 살펴보면, 차별금지법의 적용 범위가 그렇게 광범위하다고 보기는 어렵다. 거듭 강조하건대, 모든 차이의 구별이 차별로 이어지는 것은 아니고, 또 모든 차별이 부당한 것은 아니며, 모든 부당한 차별이 법적 제재 대상이 되는 것은 아니다. 그런 의미에서 차별금지법은 그 적용 대상과 범위가 한정적이다. 일상에서 우리의 표현의 자유를 과도하게 침해할 가능성이 적다는 것이다.

세 번째, 사회가 아직 차별금지법을 받아들일 준비가 안 되었다는 믿음이다. 물론 이 또한 사실이라고 보기 어렵다. 많은 지표를 통해 사회가 차별금지법의 필요성을 인지하고 있음을 알 수 있다. 2021년 6월 차별금지법 제정을 요구하는 국회 국민동의청원이—국회 소관 위원회 회부 기준인—10만 명의 동의를 얻어 국회 심사를 받게 되었다.[13] 이에 따라 해당 청원은 국회 법제사법위원회에 회부되어 본격적인 심사를 받게 될 예정이다.

또한 2020년 6월 국가인권위원회가 발표한 국민 인식 조사 결과에 따르면, 응답자 10명 중 약 9명은 한국에 만연한 차별에 대응하기 위해 차별 금지 관련 법률을 제정하는 것에 찬성한다고 응답했다. 또한 응답자의 73.6퍼센트는 동성애자, 트랜스젠더 등 성 소수자도 다른 사람과 마찬가지로 존중받아야 하고 동등한 대우를 받아야 한다고 응답했다.[14] 코로나바이러스 사태 이후 촉발된 혐오 범죄나 차별 행위의 영향 때문인지, 응답자의 91.1퍼센트가 자신 역시 차별의 대상이나 소수자가 될 수 있다는 생각을 해본 적이 있다고 응답했다. 이처럼 사회 곳곳에서 차별에 반대하는 구체적인 법률의 필요성을 인지하고 이를 요구하는 움직임이 포착되고 있다.

이 흐름은 앞으로도 계속될 것으로 보인다. 어쩌면 가속화될 것이다. 지난 몇 년간 우리 사회는 집단에서 개인으로, 그리고 획일화된 기준에서 다양하고도 개별적인 삶의 방식을 인정하고 존중하는 방향으로 움직였다. 예전의 한국 사회에서 통용된 성공의 기준은 좋은 직장과 안정적인 결혼 생활, 그리고 내 집을 마련하는 것 등이었다. 여전히 돈을 많이 벌어 물질적으로 풍요로운 삶을 성공의 기준으로 꼽는 베이비 붐 세대와 달리, X세대와 MZ세대는 안정적인 수입만큼이나 좋아하는 일을 즐기면서 사는 삶을 성공의 중요한 척도로 본다.[15] 점점 더 많은 사람이 강남보다는 제주도를, 취업보다는 취미를, 육아보다는 자유를 선택하고 있다. 이것이 설사 변화한 시대의 환경적 요인에 영향받은 결과라고 할지언정, 어쨌거나 집단의 획일화된 기준이 아닌 개인의 다양한 선택을 인정하고 있는 것은 분명하다.

상대방을 존중하고, 나와 다른 타인의 가치관이나 삶의 방식을 인정하는 변화가 일어나고 있다. 이는 다양성을 포용할 줄 아는 관용적인 사회로 나아가고 있다는 아주 확실한 징조다. 자신만의 좁은 생각과 가치 체계에서 벗어나, 타인의 관점을 취해보고 그 관점에 이입할 줄 아는 공감 능력이 높아지고 있다는 증거이기도 하다. 이는 더 이상 개인의 권리가 피부색이나 성별, 성적 지향, 혹은 장애와 같은 개인의 선택이나 노력과는 상관없는 특성 때문에 제약받아서는 안 된다는 믿음이 확산되고 있는 것과 무관하지 않다.

물론 차별금지법에 반대하는 집단은 공감 능력의 확장을 시시한 감상주의로 치부하는 경향이 있다. 그래서 차별금지법을 지지하는 집단을 감성팔이에 휘둘리는 사람으로 내몰고 차별금지법을 반대하는 집단을 대단히 냉철하고 이성적인 판단을 내리는 상식적인 사람인 것처럼 포장한다. 게다가 가끔 니체의 철학에 심취한 것인지, 마치 자신이 너무 뛰어나기 때문에 일반적인 양심이나 공감 능력 따위는 무시해도 된다고 말하는 사람도 있는데, 무척 터무니없는 소리다.

심리학에서는 공감과 양심, 타인에 대한 배려를 지능의 일부로 보고 있으며, 이를 정서 지능이라고 한다. 심리학자 에드워드 티치너Edward Titchener는 공감 능력은 결국 상대의 가치관 형성 과정과 그 작동 방식을 이해하는 지능의 일부라고 정의하기도 했다. 그러니까 의기양양하게 자신은 남의 기분이나 사정 따위는 신경 쓰지 않아도 될 만큼 뛰어나다고 자부하는 것은 자신의 지능이 떨어진다고 인정하는 것과 다를 바 없다.

흥미로운 사실이 있다. 지능 지수 검사, 즉 아이큐 테스트를 판매하는 회사는 주기적으로 점수 측정 기준을 조정하고 있다. 이 같은 수고를 감내하는 이유는 평균 점수를 100으로 유지하기 위해서다. 다시 말해, 평균 점수가 매년 꾸준히 높아지고 있기 때문에, 평균 점수를 100으로 유지하려면 점수 측정 기준을 수정해야 하는 것이다. 만약 이를 조정하지 않았다면, 후세대는 전세대보다 더 높은 점수를 받았을 것이다.[16]

실제로 통계학자 제임스 플린James Flynn은 아이큐 테스트가 시행된 전 세계의 데이터를 종합했는데, 이를 통해 20세기부터 지속적이고 장기적으로, 무엇보다 확실하게 점수가 향상되는 현상이 관측되고 있다고 밝혔다. 더 구체적으로, 10년마다 평균적으로 3점씩 높아졌다고 덧붙였다.[17] 리처드 헌스타인Richard Herrnstein과 찰스 머레이Charles Murray는 이를 '플린 효과'라고 명명했다.

이 결과를 곧이곧대로 받아들여, 1960년대나 1980년대의 사람이 요즘 사람보다 지적으로 열등했다고 볼 수 없을 것이다. 다만 통계학적으로 지능 지수 점수가 평균적으로 상승하고 있다는 사실만큼은 분명해 보인다. 이를 두고 플린은 문명화된 현대 사회에서 전반적으로 확대된 과학적 사고방식에서 그 이유를 찾을 수 있다고 했다.[18] 이는 일리 있는 견해이다. 아이큐 테스트는 실제로 추상적·형식적 추론을 요구하는데, 과학적 사고방식은 추상적 관계를 쉽게 조작할 수 있게끔 도와준다. 그러므로 자신이 직접적으로 경험한 것에만 기반한 편협한 사고 체계에서 벗어나는 것을 가능하게 만들고, 더 나아가 자신의 경험을 벗어나는 가설적 세계에서 무언가를 탐구하는 능력을 배양하도록 이끌어준다. 이 같은 과학적 사고방식의 확장이 아이큐 점수의 상승으로 이어진 것이다. 독창적이고 비범한 발상으로 특수 상대성 이론을 제창한 아인슈타인은 정말 중요한 것은 지식이 아니라 상상력이라고 말한 점도 비슷한 맥락이다.

이러한 사실이 시사하는 바는 타인의 관점을 취해보고 그 관점에

이입할 줄 아는 공감 능력은 물러 터진 감상주의도 아니고, 그 불꽃이 금방 꺼져버릴 냄비 근성도 아니며, 비합리적이고 비이성적인 생각의 소산은 더더욱 아니라는 것이다. 편협한 관점에서 벗어나게끔 도와주고, 타인의 입장을 배려할 줄 알게 이끌어주며, 더 나은 도덕적 행위를 하기 위해 스스로를 제어하는 능력은 단단한 지성의 힘에 기반한다. 실제로 아이큐 테스트에서 가장 많이 향상된 능력은 인지 능력이다. 직접 경험의 구체적 세부 사항으로부터 추상화를 해내는 기술, 즉 우리가 타인의 관점을 취하고 공감의 범위를 확장할 때 사용하는 기술 말이다.

——— 지금, 여기, 우리

사회에서 지성의 힘이 꾸준히 커지고 있다. 국민의 대다수가 차별에 대응하기 위한 차별 금지 관련 법률을 제정하는 데 찬성하고 있다. 이 책에 나오는 주제를 더욱 깊게 파고들고, 이 책에 나오는 논리적 결함에 반박하여 차별과 평등, 공정과 정의에 대한 의미 있는 논의를 이어나가도록 만드는 것도 결국 지성의 힘일 것이다.
지성의 힘이 지닌 특징이 한 가지 있다면, 그것은 느리고 더딜지라도 결코 후회하지 않는다는 것이다. 우리를 실망하게 만드는 일이 곳곳에서, 그것도 너무 자주 일어나고 있기 때문에 때로는 지성의 힘이 진전을 이루고 있다고 믿기 어려울 수도 있다. 가끔은 희망 자체를 놓아버리고 싶게끔 만드는 일이 일어나기도 한다. 하지만 어쩌면 파커의 말대로 정의의 곡선은 너무 기나긴 호를 그리며 뻗어 있고, 우리의 눈은 너무 짧은 거리만 닿기 때문인지도 모른다.

"국민의, 국민에 의한, 국민을 위한 통치는 이 땅에서 사라지지 않을 것이다." 이는 흑인을 위해 왜 이토록 싸워야 하는지 회의적인 반응을 보인 이들을 설득하기 위해 링컨이 한 말이다. 법치국가에서 법의 통치를 받는 우리에게도 링컨의 말은 여전히 유효하다. 이 책의 시작에서 말했듯이, 차별에 관한 논의는 '우리'에 대한 물음과 맞닿아 있다. 대한민국 헌법 제10조에는 다음과 같이 기재되어 있다. "모든 국민은 인간으로서의 존엄과 가치를 가지며, 행복을 추구할 권리를 가진다." 헌법 제11조에는 다음과 같이 기재되어 있다. "모든 국민은 법 앞에 평등하다." 이 약속을 실현시키는 차별금지법은 '우리의, 우리에 의한, 우리를 위한 법'이 될 수 있다. 바로, 지금, 여기에서 말이다. 그 주인공은 단연 우리이다.

'우리'라는 가능성

《차이, 차별, 처벌》은 한국을 생각하며 쓴 책이다. 한국을 생각하며 썼지만, 집필 과정이 이루어진 물리적 공간은 뉴욕이다. 더 정확히는 맨해튼에 위치한 내 조그마한 스튜디오에서 대부분의 글을 썼다. 평일에는 주로 퇴근 후 늦은 밤에 원고를 썼고 주말에는 시간이 비는 아침 시간을 활용했다. 밤이든 아침이든, 힘든 건 매한가지였다. 그도 그럴 것이 차별은 대단히 민감하고도 복잡한 주제다. 그렇다 보니 나도 모르게 온몸에 힘을 잔뜩 주고 썼던 것 같다.

글을 쓰고 난 뒤 허리를 쭉 펼 때마다 척추에서 '바사삭' 하는, 마치 오래된 바게트를 쪼갤 때 나는 소리와 비슷한 소리가 났다. 멘탈은 그보다 훨씬 더 자주 깨졌다. 그래서인지 가끔 이 책의 문장이 내 척추와 멘탈이 깨지며 만들어낸 부스러기들 같다는 생각도 들었다. 티끌 모아 태산이라고, 보잘것없는 부스러기를 긁어모으니 어느새 책으로 엮을 수 있는 분량이 채워졌다. 물론 어디까지나 비유를 하기 위해서이지, 이 책이 태산에 비교될 수준은 아니라고 생각한다. 굳이 태산을 들먹이자면 걱정이 태산이다. 일일이 나열할 수 없을 정도로 걱정거리는 많지만, 역시나 가장 큰 걱정거리는 '과연 내가 차별을 다룰 자격이 있나?' 하는 문제이다. 이는 마치 어둠 속에서 좀처럼 잡히지 않는 모기처럼, 책을 쓰는 내내 나를 집요하게 괴롭혔다.

설득의 요소 중에 '에토스Ethos'라는 것이 있다. 아리스토텔레스가 발전시킨 수사학에 나오는 기본 개념인데, 쉽게 말해 전달자의 자격이나 공신력에 해당한다. 아리스토텔레스는 설득의 요소 중에서 에토스를 가장 중요하게 생각했다. 타인을 설득하는 데 있어 말이나 글의 내용보다는 전달자가 더 중요한 역할을 한다고 본 것이다. 일리가 있는 의견이다. 사람들은 전달자를 신뢰하고 믿을 때만 그 사람의 말이나 글에 귀를 기울이기 마련이다. 전문성은 보통 신뢰의 근거가 된다. 이를테면 리만 가설은 명망 있는 수학자가 설명해야 권위가 서고, 다중 우주론은 전문 지식을 가진 물리학자가 해설해야 믿음이 생긴다. 때로는 글쓴이의 살아온 삶 자체가 그의 말과 글에 힘을 실어주기도 한다.

반면 에토스가 부재한 말이나 글은 생명력을 잃기 마련이다. 공정을 부르짖으면서 뒤에서는 부정을 저지르는 정치인, 성평등을 외치면서 결국은 성추행을 저지르고 마는 인권 운동가, 권리를 강조하면서 실상은 권력을 탐한 인권 단체장의 말과 글의 의미가 얼마나 빠르게 퇴색되었는지 떠올려보라. 자격을 잃은 말은 그저 공허한 울림일 뿐이고, 자격이 부재한 글은 그저 무의미한 글자의 나열일 뿐이다.

울림이 없는 책을 쓰고 싶은 사람은 아무도 없을 것이다. 나도 마찬가지였다. 그래서 내 생각에 취해 술주정하듯 글을 쏟아내다가도, 종종 집필을 잠시 멈추고 과연 내가 차별을 다룰 자격이 있는 사람인지 진지하게 고민하고는 했다. 쉽게 결론을 내리기 어려웠다. 물론 나는 현재 차별금지법과 관련된 업무를 하고 있다. 그러니까 어느 정도 전문성은 있다고 할 수 있는 셈이다. 그러나 어디까지나 직업적인 부분이고, 그마저도 경력이 그리 길지 않다. 이것만으로 내가 차별에 대한 깊이 있는 통찰을 전달할 수 있다는 확신이 생기지는 않았다.

무엇보다 나는 차별을 경험한 일이 그다지 없다. 생물학적으로는 남성이고 사회학적으로도 남자다. 뚜렷한 신체적 장애나 정신적 장애도 없을뿐더러, 핍박의 대상이 되는 종교를 믿고 있지도 않다. 자신 있게 내세울 만한 외모라고 할 수는 없지만, 눈에 띄는 결함이 있는 것도 아니다. 족보에 시조가 당나라 사람이라고 쓰여 있기는 한데, 그렇다고 해서 내가 이민자 출신이라고 우기기에는 너무 많은 시간이 흘렀다. 게다가 경제적으로 궁핍한 편도 아니다. 큰돈을 버는 것은 아니지만 사회적으로 선망받는 직업을 가지고 있다. 그리고 이성애자다.

아무리 찾아도 내가 차별에 대해 글을 쓸 만큼 드라마틱한 사연을 품고 있거나 피 끓는 절박함을 가지고 있을 이유는 없어 보였다. 사람들을 설득하려는 글을 쓰면서도 에토스가 없는 아이러니한 상황이었다. 시작부터 잘못된 것 같다는 생각이 들었고 회의감이 먹물처럼 번졌다.

그럴 때마다 뉴욕의 거리로 나갔다. 이곳에서는 집 밖으로 나와 몇 블록만 걸어도, 마치 세계 여행을 하는 기분이 든다. 내가 지내는 아파트에서 그리 멀지 않은 거리에 신선한 향료와 중동 요리 냄새가 풍기는 근사한 식료품 가게가 있는데, 그곳을 지나 골목을 돌면 유대인식 델리 가게가 나온다. 식당 안은 늘 다양한 인종과 국적의 사람들로 북적거린다. 아프리카계 미국인, 이탈리아계 미국인, 멕시코계 미국인이 한데 모여 선조의 언어와 영어를 번갈아 사용하며 식사를 하고 있다.

조금만 더 내려가면 한국산 식료품을 살 수 있는 마켓과 대만식 버블티 가게도 나온다. 최신 케이팝의 전자음이 요란하게 울리는 버블티 가게 내부에서는 중학생 정도 되는 아이들이 가사의 의미도 모르는 케이팝의 빠른 비트에 고개를 까딱이며 타피오카가 잔뜩 들어간 음료를 즐긴다. 건너편에 위치한 헝가리식 카페에는 커피와 제르보를 음미하며 오후의 햇살을 만끽하려는 사람들로 가득하다. 대형견을 산책시키는 사람이나 서로의 손을 맞잡고 걸어 다니는 젊은 커플을 흔히 볼 수도 있다. 그중에는 인종이 다른 커플이나 성별이 같은 커플도 있다. 다양한 종류의 사람이 자연스럽게 인파의 바다에 들어가 도시에 생명력을 더하고 있는 것이다.

그 무리에 섞여 하릴없이 걷다 보면 불안감은 연기처럼 허공으로 흩어져 사라지곤 했다. 짧은 순간이지만, 사람들 틈에 섞여 걸을 때만큼은 내가 마치 알 수 없는 거대한 맥박의 일부가 된 것만 같은 느낌이 들었다. 교차하는 두 줄의 직선처럼, 한 지점에서 잠시 만나고 그대로 멀어져 앞으로 다시는 보지 못할 사람들 틈에서 일체감을 느꼈다는 것이 조금 우습게 생각되기도 했지만, 집에 돌아올 때쯤이면 다시 글을 쓸 자신감을 얻을 수 있었다.

이 세상에 존재하는 모든 물질은 원자로 이루어져 있다. 나도, 거리의 젊은 커플도, 대형견도, 버블티도, 아리스토텔레스도, 부스러기들도 마찬가지다. 게다가 우리 몸을 이루는 원자의 수는 온 우주에 존재하는 별의 수보다 많다. 그러므로 약 80억 명의 인간이 살고 있는 지구에는 무려 80억 개의 우주가 존재하고 있다고도 볼 수 있을 것이다.

여기서 재미있는 것은 원자의 대부분은 빈 공간으로 이루어져 있다는 사실이다. 원자는 원자핵과 전자로 구성되어 있는데, 원자핵은 원자 크기의 10만분의 1밖에 되지 않고 전자는 이보다도 작다. 원자핵과 전자가 차지하고 있는 공간을 제외한, 99.999퍼센트는 빈 공간인 것이다. 그러니까 원자는 우주만큼이나 텅 비어 있는 공간이라고 볼 수 있으며, 이를 바꾸어 말하면 원자로 구성되어 있는 우리 역시 대부분이 비어 있는 공간으로 이루어진 존재이다. 나는 이러한 현상을 과학적으로 설명하지는 못한다. 하지만 인문학적으로 표현할 수는 있다. 비어 있는 것은 모두 '가능성'이다. 마치 구름 한 점 없는 광활한 하늘처럼, 혹은 아무것도 쓰여 있지 않은 한 장의 백지처럼, 우리 모두는 비어 있기에 무한한 가능성을 가질 수 있는 존재들이라 할 수 있다.

그럼에도 불구하고 우리는 서로에 대한 몇몇 단편적인 정보만으로 '저 사람은 게으를 거야.', '저 사람은 의지가 약할 거야.', '저 사람은 능력이 부족할 거야.', '저 사람은 사생활이 문란할 거야.'와 같은 피상적인 잣대를 들이댄다. 가능성으로 남아야 할 공간에 사회적으로 습득한 편견과 추측을 가득 채워 넣는다. 그리고는 사람을 보는 눈과 세상을 이해하는 눈을 가졌다고 우쭐댄다. 하지만 장담컨대 그건 이해가 아니라 오해일 가능성이 더 크다. 솔직히 말해서, 우리가 타인을 완벽하게 이해할 가능성은 거의 없다. 부모와 자식도 서로를 완전히 이해할 수 없고, 부부도 서로를 완전히 이해할 수 없다. 누군가를 완전히 이해할 확률은 10만분의 1도 안될 것이다.

그러므로 자신의 기준으로 다른 사람을 완전히 이해하려는 짓은 애당초에 하지 않는 것이 현명하다.

타인에게 다가가려는 시도조차 하지 말라는 이야기는 아니다. 사회적 통합은 꿈도 꾸지 말자는 비관적인 소리를 늘어놓으려는 것도 아니다. 성별, 국적, 피부색, 성 정체성과 같은 경계를 넘어, 우리를 하나로 통합시킬 수 있는 것은 이해가 아니다. 우리를 진정으로 한데 묶어주는 힘은 사랑이다. 예전에도 그랬고 지금도 그러하며, 앞으로도 그럴 것이다. 사랑이야말로 모든 차이를 포용할 수 있고 모든 비용과 합리적인 계산을 초월할 수 있다. 사랑이야말로 사회 법칙이 적용되지 않는 특이점이다. 우리는 타인을 완전히 이해할 수는 없어도 온전히 사랑할 수는 있다. 꼭 이타적이고 박애주의적인 사랑일 필요도 없다. 이기적이고 계산적인 사랑으로도 사회를 바꿀 수 있다.

나의 경우도 그러하다. 차별에 대한 책을 쓰고 있다 보니, 사람들은 나를 사명감에 불타는 투사라고 생각하거나 이타심이 넘치는 박애주의자라고 오해하기도 하는데, 나는 전혀 그런 사람이 아니다. 늘 안정을 추구하며 살아왔고 지금도 마찬가지이다. 그리고 무엇보다 이기적이다. 그렇기 때문에 나는 내가 사는 세상이 상식적이기를 바란다. 혹시 미래에 사고를 당해 장애가 생기더라도, 내가 최대한 많은 것을 포기하지 않고 존중받으며 살 수 있는 사회에서 살기를 바란다. 내 아이가 혹시 동성에게 끌린다고 고백하더라도, 아이의 사랑을 기쁘게 응원해 줄 수 있는 세상에서 살기를 바란다. 나와 내가 사랑하는 사람들이 혐오와 차별이 없는 자유로운 환경에서 살기를 바란다.

혼자 세상을 살아가는 사람은 없다. 우리는 사람들 틈에서 살아갈 수밖에 없는 운명이다. 노숙인이나 장애인, 이주 노동자, 성전환자가 극단적인 고통을 받는 사회에서, 국민의 대다수가 피해 의식과 좌절감으로 가득한 세상에서, 어느 계층에서나 불평등이 만연한 환경에서 혼자만 초연하게, 걱정 없이 살 수 있을 리 없다. 온 세상이 울고 있는데 그 비극이 나만 피해 갈 리도 없다.

그럼에도 나는 끊임없이 망설였다. 어설픈 미완의 책을 세상에 내놓고 싶지 않았다. 괜히 민감한 문제를 건드려 비난을 받게 될까 봐 두렵기도 했다. 그래서 이 책을 완성시키는 일을 미루고 또 미루었다. 망설이는 사이, 비극은 착실하게 그리고 분명하게 사회를 조금씩 잠식했다. 누군가는 차별 때문에 학업을 포기했고, 누군가는 차별 때문에 직장에서 쫓겨났으며, 심지어 누군가는 차별 때문에 목숨을 끊었다. 모두 지난 일 년 동안에 일어난 일이었다. 약 80억 명의 인간과 무려 80억 개의 우주가 존재하는 세상이니, 내가 모르고 지나쳤거나 놓치고 있는 비극은 이보다 훨씬 더 많을 것이다.

더 이상 시간을 지체할 수 없었다. 어차피 책이 내가 만족할 만큼, 즉 99.9999퍼센트 이상 준비되는 순간은 아마 오지 않을 것이다. 어쩌면 우리가 살고 있는 사회도 나처럼 준비가 덜되었다며 또 사회적 합의가 덜되었다며, 차별과 차별금지법에 대한 논의를 미루고 있다는 생각이 들었다. 지금은 작은 목소리라도 보태는 것이 더 중요했다. 그래서 우주 비행사가 달 표면에 첫발을 내딛는 것처럼, 조심스럽게 이 책을 세상에 내놓기로 결심했다.

빅토르 위고는 말했다. 제 시기가 온 사상보다 더 강력한 것은 없다고. 우리에게도 그 시기가 왔다고 생각한다. 다양성과 다름을 인정할 줄 아는 사회가 되었다고 생각한다. 사회가 삶을 정해진 답이 존재하는 '방정식'이 아닌, 답이 정해져 있지 않은 각기 다른 '방식'으로 이해한다고 믿는다. 모두가 차별과 차별금지법에 대한 심도 있는 대화를 할 준비가 되어 있다고 믿는다. 이 책은 마침표의 역할을 하는 것이 아니며, 행여 그래서도 안 된다. 다만 앞으로 끝없이 이어질 대화에 있어 물음표의 역할을 할 수 있을 것이다. 차별 없는 사회로 나아가는 험난한 여정에 조금이라도 힘을 보탤 수 있기를 바란다. 그것이 고작 부스러기만 한 작은 도움일지라도. 아니, 단 10만분의 1의 가능성일지라도.

차이,
차별,
처벌,

1 차이 나는 클래스

1 유발 하라리,《사피엔스》, 조현욱 옮김, 김영사, 2015.

2 스티븐 핑커,《우리 본성의 선한 천사》, 사이언스북스, 김명남 옮김, 2014.

3 "In Stanford Rape Case, Brock Turner Blamed Drinking and Promiscuity", 《New York Times》, 2016.6.8.

4 Donald L. Horowitz, 《Ethnic Groups in Conflict Horowitz》, University of California Press, 2000.

5 마크 모펫,《인간 무리, 왜 무리지어 사는가》, 김성훈 옮김, 김영사, 2020.

6 스티븐 핑커, 앞의 책.

7 Robert M. Zecker, 〈Let Each Reader Judge: Lynching, Race, and Immigrant Newspapers〉, 2009.

8 "Emmett Till is murdered", 《History》, 2010.2.9.

9 "America has a history of lynching, but it's not a federal crime. The House just voted to change that", 《USA Today》, 2020.2.26.

10 Kathryn Machado, 〈A Rose for Charlie〉, 2015.6.25.

11 Kathryn Machado, 위의 논문.

12 "Father's Letter Disowning Gay Son James After Coming Out Goes Viral", 《HuffPost》, 2017.12.06.

13 "The shame on this family is you': Grandfather blasts daughter in heartfelt letter after she kicks grandson out for admitting he's gay", 《Daily Mail》, 2013.10.2.

14 유발 하라리, 앞의 책.

15 "Mad about the boy", 《The Guardian》, 2007.11.10.

16 Richard C. Pillard, J. Michael Bailey, 〈A Genetic Study of Male Sexual Orientation〉, 1991.

17 Simon LeVay, 〈A difference in hypothalamic structure between heterosexual and homosexual men〉, 1991.

18 Dennis McFadden, Edward G. Pasanen, 〈Comparison of the auditory systems of heterosexuals and homosexuals: Click-evoked otoacoustic emissions〉, 1998.

19 "검은머리물떼새, 암컷끼리 동성연애한다?",《문화일보》, 1998.03.21.

20 "마포구청, 성소수자 단체 현수막 안돼… SNS 논란",《중앙일보》, 2012.12.05.

21 Tiffany A. Brakefield, Sara C. Mednick, Helen W. Wilson, Jan-Emmanuel De Neve, Nicholas A. Christakis, James H. Fowler, 〈Same-sex sexual attraction does not spread in adolescent social networks〉. 2013.

22 Alexis Dinno, Chelsea Whitney, 〈Same Sex Marriage and the Perceived Assault on Opposite Sex Marriage〉, 2013.

23 한국갤럽조사연구소, 한국갤럽 데일리 오피니언 제448호(2021년 5월 3주)

24 한국갤럽조사연구소, 한국갤럽 데일리 오피니언 제448호(2021년 5월 3주)

25 "Defying this month's vandalism, Charlie Howard Memorial rededicated",《Bangor Daily News》, 2011.

2 내 탓이냐, 뇌 탓이냐

1 Janine Willis, Alexander Todorov, 〈Running head: FIRST IMPRESSIONS First impressions: Making up your mind after 100 milliseconds exposure to a face〉, 2005.

2 고든 올포트,《편견》, 교양인, 석기용 옮김, 2020.

3 제니퍼 에버하트,《편견》, 스노우폭스북스, 공민희 옮김, 2021.

4 제니퍼 에버하트, 위의 책.

5 J F Dovidio, S L Gaertner, A Validzic, 〈Intergroup bias: status, differentiation, and a common in-group identity〉, 1998.

6 Ruben T. Azevedo, Emiliano Macaluso, Alessio Avenanti, Valerio Santangelo, Valentina Cazzato, Salvatore Maria Aglioti, 〈Their pain is not our pain: brain and autonomic correlates of empathic resonance with the pain of same and different race individuals⟩, 2013.

7 Allen J. Hart, Paul J. Whalen, Lisa M. Shin, Sean C. McInerney, Håkan Fischer, Scott L. Rauch, ⟨Differential response in the human amygdala to racial out-group vs ingroup face stimuli⟩, 2000.

8 Nour Kteily, Gordon Hodson, Emile Bruneau, ⟨They see us as less than human: Meta-dehumanization predicts intergroup conflict via reciprocal dehumanization. Journal of Personality and Social Psychology⟩, 2016.

9 Benoist Schaal, Luc Marlier, Robert Soussignan, ⟨Human Fetuses Learn Odours from their Pregnant Mother's Diet⟩, 2000.

10 David J. Kelly, Paul C. Quinn, Alan M. Slater, Kang Lee, Alan Gibson, Michael Smith, Liezhong Ge, Olivier Pascalis, ⟨Three-month-olds, but not newborns, prefer own-race faces⟩, 2005.

11 Amanda Williams, Jennifer R. Steele, ⟨Examining Children's Implicit Racial Attitudes Using Exemplar and Category-Based Measures⟩, 2017.

12 유발 하라리, 《사피엔스》, 조현욱 옮김, 김영사, 2015.

13 나카노 노부코, 《우리는 차별하기 위해 태어났다》, 김해용 옮김, 동양북스, 2018.

14 마크 모펫, 《인간 무리, 왜 무리지어 사는가》, 김성훈 옮김, 김영사, 2020.

15 나카노 노부코, 앞의 책.

16 Kurzban, Robert, Leary, Mark R., ⟨Evolutionary origins of stigmatization: The functions of social exclusion⟩, 2001.

17 나카노 노부코, 앞의 책.

18 나카노 노부코, 앞의 책.

19 M. Cikara, A. C. Jenkins, N. Dufour, R. Saxe, ⟨Reduced self-referential neural response during intergroup competition predicts competitor harm⟩, 2014.

20 "A Class Divided", 《PBS Frontline》, 2003.1.1.

21 Muzafer Sherif, ⟨Experimental study of positive and negative intergroup attitudes between experimentally produced groups: Robbers Cave Study⟩, 1954.

22 Rebecca S. Bigler, Lecianna C. Jones, Debra B. Lobliner, ⟨Social Categorization and the Formation of Intergroup Attitudes in Children⟩, 1997.

23 Robert Rosenthal, Lenore Jacobson, ⟨Pygmalion in the classroom⟩, 1968.

24   Claude Steele, Joshua Aronson, 〈Stereotype threat and the intellectual test performance of African Americans〉, 1995.

25   Sian L. Beilock, Robert J. Rydell, Allen R. McConnell, 〈Stereotype Threat and Working Memory: Mechanisms, Alleviation, and Spillover〉, 2007.

3 차별과 평등 사이

1   David S. Landes, 《The Wealth and Poverty of Nations》, W.W. Norton & Company, 1998.

2   Karl Marx, 《Alienated Labor, Private Property and Communism, Critique of the Hegelian Dialectic. Three Essays Selected from the Economic-Philosophical Manuscripts》, 1947.

3   Geoffrey J. Leonardelli, Cynthia L. Pickett, Marilynn B. Brewer, 〈Optimal Distinctiveness Theory : A Framework for Social Identity , Social Cognition , and Intergroup Relations〉, 2016.

4   이종은, 《평등, 자유, 권리》, 책세상, 2011.

5   프리드리히 니체, 《인간적인 너무나 인간적인》, 강두식 옮김, 동서문화사, 2016.

6   마이클 샌델, 《공정하다는 착각》, 함규진 옮김, 와이즈베리, 2020.

7   Lewis Terman, 《Genetic Studies of Genius: Volume V》, Stanford University Press, 1959.

8   마이클 샌델, 앞의 책.

9   American Institutes for Research(AIR), Exploring Gender Imbalance Among STEM Doctoral Degree Recipients.

10   Gijsbert Stoet, David C. Geary, 〈The Gender-Equality Paradox in Science, Technology, Engineering, and Mathematics EducationThe Gender-Equality Paradox in Science, Technology, Engineering, and Mathematics Education〉, 2018.

11   Gijsbert Stoet, David C. Geary, Ibid.

12   Constance Holden, 〈DIVERSITY: Parity as a Goal Sparks Bitter Battle〉, 2000.

13   Judith Kleinfeld, 〈Student Performance: Males versus Females〉, 1999.

참고 자료   205

14 "꾸준히 증가하는 女소방공무원… 화재현장선 '딜레마'", 《머니투데이》, 2017.09.14.
15 "꾸준히 증가하는 女소방공무원… 화재현장선 '딜레마'", 《머니투데이》, 2017.09.14.

4 차별인 듯 차별 아닌, 차별 같은 차별

1 "'비너스' 조각상에서 찾은 위대한 아름다움 '그레이트 뷰티'", 《중앙일보》, 2015.05.14.
2 Nathaniel West, 《Miss Lonelyhearts & the Day of the Locus》, New Directions, 1975.
3 "CALIFORNIA ALBUM : Santa Cruz Grants Anti-Bias Protection to the Ugly", 《Los Angeles Times》, 1992.5.25.
4 "Job Bias Law Is Stretched to Cover the Ugly", 《Los Angeles Times》, 1992.2.7.
5 "Santa Cruz Journal; With a Resume in Hand And a Ring in the Nose", 《New York Times》, 1992.2.13.
6 Pew Research Center, About a third of Americans say blackface in a Halloween costume is acceptable at least sometimes.

5 가장 합리적인 선택

1 https://opinion.lawmaking.go.kr/gcom/nsmLmSts/out/2101116/detailRP
2 https://opinion.lawmaking.go.kr/gcom/nsmLmSts/out/2110822/detailRP
3 Teamsters Local Union No. 117 v. Washington Department of Corrections, Case No. C11-5760 BHS.
4 David E. Bernstein, 《You Can't Say That!》, Cato Institute, 2003.
5 "'학력 차별' 금지법이 노력금지법?… '기회의 평등' 달라는 것!", 《한겨레》, 2021.006.29.
6 Adam Smith, 《Theory of Moral Sentiments》, Digireads.com, 2011.

6 우리의, 우리에 의한, 우리를 위한

1 "One year later: A timeline of controversy and progress since the Starbucks arrests seen 'round the world", 《The Philadelphia Inquirer》, 2019.4.12.

2 "美 '아시아계 대상 증오범죄' 왜 늘고 있나", 《동아일보》, 2021.03.27.

3 "美 '아시아계 대상 증오범죄' 왜 늘고 있나", 《동아일보》, 2021.03.27.

4 "Bending the Arc – It's Our Turn Now", Windsor Historical Society, 2020.9.28.

5 "Obama pays tribute to Civil Rights Act in 50th anniversary speech", 《The Guardian》, 2014.4.10.

6 Denise Morgan, Rebecca Zietlow, 〈The New Parity Debate: Congress and Rights of Belonging〉, 2004.

7 Clay Risen, 《The Bill of the Century: The EpicBattle for the Civil Rights Act》, Bloomsbury Press, 2015.

8 "절대 차별한 적 없다는 사람이 무의식적으로 차별 행동", 《한겨레》, 2020.03.11.

9 임지연, 〈미국의 차별금지 법제 연구〉, 2020.

10 "차별금지법 '차별' 구제, 미국과 독일의 '차이'는?", 《한겨레21》, 2020.10.31.

11 스티븐 핑커, 《우리 본성의 선한 천사》, 사이언스북스, 김명남 옮김, 2014.

12 "마음에 묻은 성차별 면접 질문들, 차별금지법 있었다면…", 《한겨레》, 2021.06.15.

13 "국민 10명 중 9명 "차별금지법 제정해야", 《한겨레》, 2020.06.23.

14 "홍성수 숙대 교수 '차별금지법은 안전하고 평화로운 사회 위한 선제적 투자'", 《경향신문》, 2021.03.20.

15 "세대별 직장에 대한 가치 달라졌다", 잡코리아, 2021.07.08.

16 Flynn, J. R., 《What is intelligence? Beyond the Flynn effect》, Cambridge University Press, 2007.

17 Flynn, J. R., Ibid.

18 Flynn, J. R., Ibid.

차이, 차별, 처벌

1판 1쇄 발행 2021년 9월 9일
1판 2쇄 발행 2021년 11월 1일

지은이 이민규

발행인 양원석 **편집장** 차선화
디자인 김유진, 김미선 **영업마케팅** 양정길, 강효경, 정다은

펴낸 곳 ㈜알에이치코리아
주소 서울시 금천구 가산디지털2로 53, 20층 (가산동, 한라시그마밸리)
편집문의 02-6443-8861 **도서문의** 02-6443-8800
홈페이지 http://rhk.co.kr
등록 2004년 1월 15일 제2-3726호

ISBN 978-89-255-7964-1 (03300)